ALS JUDE
IN BRESLAU
1941

Herausgegeben von Joseph Walk

**(Aus den Tagebüchern von Studienrat a. D.
Dr. Willy Israel Cohn)**

© 1984 bei Ruth Atzmon-Cohn, Ein-Schemer (Israel)
Im Auftrag des Verbandes ehemaliger Breslauer und Schlesier in Israel
bei Bleicher Verlag, D-7016 Gerlingen
Herstellung: Fränkische Nachrichten, D-6972 Tauberbischofsheim
ISBN: 3-88350-011-9

Inhalt

Zur zweiten Auflage 7
Vorwort..................................... 8
Einführung.................................. 11
Aus den Tagebüchern des Dr. Willy Israel Cohn 17
Jüdisches Leben in der Provinz Schlesien
und in Breslau 1940/41 (Report).................... 123
Dr. W. I. Cohn: Jüdische Geschichte
             (Zur Wiederkehr des 50. Todestages
             von Heinrich Graetz) 129
             Jonas Fränckel
             (Eine Hundertjahr-Erinnerung) 132
Namensregister 135
Ortsregister................................. 140
Worterklärungen 142

Seiner geliebten Tochter
Ruth
zur Erinnerung
über fremde Länder
Breslau, Purim 5700
März 1940

Mutti
Temera   Susanne

Breslau, August 1939
Aus 5619

Zur zweiten Auflage

Der Vertrieb des Buches „Als Jude in Breslau – 1941" lag zuerst ausschließlich in den Händen des Instituts zur Erforschung des Holocaust der Bar-Ilan-Universität und des Verbandes ehemaliger Breslauer und Schlesier in Israel, die beide über keinen Verkaufsapparat verfügen. Wenn die erste Auflage trotzdem vergriffen ist, beruht dieser Erfolg auf nahezu 30 positiven Rezensionen in der jüdischen und nichtjüdischen Presse, die unsere Veröffentlichung einem ausgedehnten, weit gestreuten Leserkreis bekanntmachten. Die jetzt vorliegende, inhaltlich unveränderte und zugleich durch Korrekturen verbesserte und um „Worterklärungen" erweiterte 2. Auflage verdanken wir der Bereitschaft des Bleicher-Verlages, das Tagebuch – mit Unterstützung des Verbandes ehemaliger Breslauer und Schlesier in Israel – im Rahmen seiner bereits gut eingeführten Taschenbuchreihe erneut herauszubringen. Möge die Neuauflage eine weitere, zusätzliche Verbreitung finden, den Toten zum Andenken und zur Ehre, den Nachlebenden zur Mahnung und Besinnung.

Jerusalem, Herbst 1984

Prof. Joseph Walk

Vorwort

Die hier vorgelegte Veröffentlichung enthält nur einen ganz geringen Teil des Tagebuches unseres Vaters Dr. Willy Cohn, das er im Laufe von 41 Jahren geführt hat und dessen Abschluß nicht mehr in unseren Besitz gelangt ist. Mein Vater wurde am 12. 12. 1888 in Breslau als der Sohn eines wohlhabenden Inhabers eines großen Geschäftes geboren. Unser Großvater, der zweimal verheiratet war, hatte viele Söhne, von denen einige ebenfalls kaufmännisch tätig waren, andere jedoch die akademische Laufbahn wählten. Mein Vater war besonders an seine Mutter gebunden, eine pedantische Frau, der nicht vergönnt war, in ihrem Alter den Reichtum zu genießen, an den sie zu Lebzeiten ihres Mannes gewohnt war. Unter all ihren Söhnen war mein Vater der einzige, der sich den Geisteswissenschaften zuwandte. Er studierte an der Heidelberger Universität, die zu seiner Zeit ein besonders hohes Ansehen hatte. Im Ersten Weltkrieg kämpfte unser Vater volle vier Jahre im deutschen Heer, im Bewußtsein, daß ihm „der Dank des Vaterlandes" gewiß sei. Nach seiner Befreiung vom Militärdienst setzte er seinen Unterricht an einem der hervorragendsten Gymnasien seiner Heimatstadt bis zum Jahre 1933 fort. Jude und Sozialist, wurde er als erster des Lehrkörpers – trotz seiner militärischen Vergangenheit – entlassen. Das Berufsverbot ereilte den Studienrat, der sein Amt 25 Jahre lang treu ausgeübt hatte, während eines dörflichen Ferienaufenthalts. Schon nach kurzer Zeit veränderten sich seine und seiner Familie Lebensverhältnisse. Zunächst zogen wir in eine kleinere Wohnung um und verzichteten auf die Haushilfe. Vater, der jetzt die meisten Tagesstunden zu Hause verbrachte, schrieb Aufsätze für die jüdische Presse, saß über seinen wissenschaftlichen Forschungsarbeiten, unterrichtete an der jüdischen Volkshochschule und in Lehrerfortbildungskursen und wurde zu Vorträgen in den jüdischen Gemeinden Deutschlands eingeladen. Im Jahre 1937 besuchte er Palästina, hielt nach seiner Rückkehr eine Vortragsreihe über Erez Israel und widmete sich mit verstärkter Intensität seiner zionistischen Tätigkeit.

Wie schmerzlich, daß ein so nüchtern denkender und weitblickender Mensch damals nicht die notwendigen Konsequenzen aus seiner weltanschaulichen Einstellung für sich, seine Frau und seine kleinen Töchter zog.

Meine Mutter, die am 20. 4. 1901 als die Tochter des Besitzers eines großen Geschäftes zur Welt kam, war die zweite Frau meines Vaters (aus seiner ersten Ehe mit Ella Brienitzer stammen meine Brüder Wolfgang, Louis und Ernst Abraham). Mutter gehörte zu den ersten weiblichen Mitgliedern des Berliner „Blau-Weiß". Als sie nach Breslau heiratete, setzte sie ihre zionistische Tätigkeit im Rahmen der „Wizo" (Womans International Zionist Organisation) fort. Sie stand meinem Vater in vielfacher Hinsicht hilfreich zur Seite: beim gastlichen Empfang seiner Kollegen (bis 1933), bei seiner wissenschaftlichen Arbeit und beim Korrigieren der Schulhefte. Meine Mutter, die mehrere Sprachen beherrschte, begleitete meinen Vater sogar auf seinen Studienreisen ins Ausland, doch in erster Linie blieb sie Hausfrau, die ab 1934 die meisten häuslichen Aufgaben selbst erledigen mußte, obwohl sie und mein Vater öfters von Krankheiten befallen wurden.

Da meine Eltern der zionistischen Organisation angehörten, konnten wir Kinder uns der zionistischen Jugendbewegung ohne Reibungen anschließen. Im Jahre 1934 mußte mein älterer Bruder Wolfgang unverzüglich aus Deutschland fliehen, da man ihn zu ermorden drohte. Abraham wanderte im Jahre 1935 im Rahmen einer der ersten Jugendgruppen nach Palästina aus. Ich selbst emigrierte aus Deutschland nach einer kurzen fachlichen Vorbereitung – einen Monat nach Ausbruch des Krieges – nach Dänemark und von dort wanderte ich ein Jahr später als Zögling der Jugendalijah nach Palästina aus. Zu Hause blieben danach nur noch meine kleinen Schwestern, die im Dritten Reich geboren und aufgewachsen waren, und zusammen mit den Eltern ihr Judesein mit ihrem Leben bezahlen mußten. Möge dieses Buch den vier Opfern gleichsam ein Denkstein sein.

Zum Abschluß: Das Tagebuch ist auf seltsame Weise in unsere Hände gelangt. Meinem Vater gelang es noch, alle Hefte zu verpacken und nach Berlin an ein in Mischehe lebendes Ehepaar zu senden. Dieses Ehepaar bewahrte die Tagebücher während der Kriegsjahre. Nach dem Kriegsende kehrte ihr Sohn, der im britischen Heer diente, nach Deutschland zurück, in der Hoffnung, seine Eltern aufzufinden. Als er sie wiederfand, nahm er die Tagebuchhefte nach England mit, dort entdeckte sie mein Bruder nach langem Suchen und brachte sie nach Israel.
Im Namen meiner Brüder Louis und Abraham und im eigenen Namen

Ruth Atzmon-Cohn

Einführung

„Wer aber die Geschichte des Judentums nur in großen Zügen kennt, der weiß, daß das was wir erfahren, lediglich eine Wiederkehr des Gleichen ist; er wird die Ereignisse mit viel stärkerer innerer Fassung über sich ergehen lassen."

(Willy Cohn: Trost aus der Geschichte, 15. 8. 1933)
(nach Nietzsche)

Seit dem Untergang des Dritten Reiches, dessen Führer und willfährige Diener innerhalb seines 12jährigen Bestehens die jüdischen Gemeinden ihres Herrschaftsbereiches vernichtet haben, sind nahezu 40 Jahre vergangen. Wir, die wir das Glück hatten, den Schrecken der Verfolgung und Vernichtung zu entgehen, und danach verlangen, aus dem Munde der die Katastrophe Überlebenden die nackte historische Wahrheit zu erfahren, begegnen einem bestürzten und bestürzenden Schweigen.
Sobald aber einer der Befragten das Schweigen bricht, überfallen ihn die Schrecken der Erinnerung, er kann seiner Gefühle nicht mehr Herr werden und verfehlt die notwendige Unterscheidung zwischen Wesentlichem und Unwesentlichem, zwischen Traum und Wirklichkeit, zwischen Tatsachen und Vorurteilen. So büßt seine Aussage zumeist ihren objektiven Wahrheitsgehalt ein. Daher kommt eine besondere Bedeutung jenen schriftlichen Zeugnissen zu, die zur Zeit des Geschehens abgefaßt wurden und unversehrt in unseren Besitz gelangt sind, denn sie geben die bloßen Ereignisse unverändert wieder und zeigen die Reaktionen des einzelnen wie der Gemeinschaft auf die erschütternden Geschehnisse auf. Unter diesen Dokumenten sind insbesondere die persönlichen Aufzeichnungen von Zeitgenossen des Holocaust wichtig, die in ihren Tagebüchern gleichsam mit sich selbst sprechen, nur sich selbst Rechenschaft abgeben, und die auf sie einstürzenden Erlebnisse spontan wiedergeben. Doch eben dieser Umstand stellt den heutigen Historiker, der gleichsam in das Privatleben des Verfassers eines solchen Tagebuches eindringt und in dessen innerstes Seelen-

leben Einschau hält, vor schwerwiegende moralische Fragen. Konnte der Schreiber annehmen, daß seine Äußerungen jemals an die Öffentlichkeit gebracht werden? Hätte er damit gerechnet, so würde er wahrscheinlich davor zurückgeschreckt sein, sich zu entblößen und hätte Dinge verborgen gehalten, die der Mensch nur sich selbst zugibt. Oder sollte er vielleicht doch von vornherein die Absicht gehabt haben, seine eigene Tragödie und die der Gemeinschaft zu schildern und dieser Vorsatz beeinflußte ihn – bewußt oder unbewußt – und gab vor allem auch seinen Wertungen eine bestimmte Richtung.

Diese Überlegungen und Zweifel begleiteten mich seit meiner ersten Begegnung mit dem Tagebuch von Willy Cohn, aus dessen letzten Heften (1. 1. 1941 – 17. 11. 1941) wir ausgewählte Abschnitte veröffentlichen, ohne daß ich eine eindeutige Antwort finden konnte. Da heißt es in einer Eintragung vom 29. 3. 1941: „Ich will nun diesen Besuch (bei der Gestapo) in allen Einzelheiten beschreiben, *vielleicht ist das für später einmal ein historisches Dokument.*" (Alle Hervorhebungen von mir). Und am 9. 5. 1941 – ein halbes Jahr vor seiner Deportation aus Breslau – gibt der Schreiber seiner Hoffnung Ausdruck; „. . . *hoffentlich haben noch einmal andere Menschen an diesem Buch, das ich mit so viel Herzblut schreibe, Freude!*" Gemeint sind seine „Erinnerungen", von seinen Jugendjahren an bis zu Hitlers Machtergreifung, die er aufgrund seiner detaillierten und präzisen Aufzeichnungen vom Beginn des 20. Jahrhunderts an in der ausdrücklichen Absicht niederschrieb, all das zu kürzen oder auszulassen, was für die Nachwelt wertlos ist oder aber nur für ihn persönlich Bedeutung hat. Als er dann diese Arbeit zu Ende bringt, trägt er in sein Tagebuch am 20. 9. 1941, also zwei Monate vor seiner „Umsiedlung", folgendes ein: „*Ich möchte noch wünschen, nachdem alles vorbei ist, den zweiten Teil schreiben zu können, der die Zeit nach 1933 behandeln soll.*" Daraus geht eindeutig hervor, daß Willy Cohn den Gedanken trug, das von ihm mit großer Sorgfalt in den Jahren der Naziherrschaft Niedergeschriebene zusammenzufassen und zweifellos hätte er auch in diesem Teil seiner „Erinnerungen" gezögert, all seine seelischen Verschlingungen preiszugeben. Nachdem er aber seinem Wunsch nicht mehr nachkommen kann, zeichnet er alles was ihm widerfährt, nieder, „großes und kleines Geschehen", und fügt weiterhin Bemerkungen hinzu „. . . *die für diejenigen bestimmt (sind), die einst nach mir kommen werden*" (11. 9. 1939). Bei all dem scheint es, daß die eigentliche Bedeutung des Tagebuches für ihn selbst im Eintragen der „Kleinigkeiten" liegt, denn „ . . . oft hängt ja Lebens- und Arbeitskraft davon ab" (28. 5. 1940); und daß ihm diese Hefte teuer sind, weil er sich „. . . am liebsten mit diesem Buch aus(spricht) . . ." (13. 8. 1940). Die Ungewißheit bleibt bestehen: vielleicht hätte Cohn es sich – und um wieviel mehr anderen – versagt, alles das was er dachte und fühlte an die Öffentlichkeit zu bringen, obwohl er alles daransetzte, das Tagebuch zu retten und es seinen, noch rechtzeitig ausgewanderten Familienmitgliedern zu übergeben, damit diese und vielleicht auch Außenstehende, von seiner eigenen Geschichte und der der Breslauer jüdischen Gemeinde, zu deren Mitgliedern er gehörte und in deren Mitte er lebte, Kenntnis erhalten.

Als ich, mit Wissen und Einverständnis der Familie, es übernahm, das Tagebuch ganz oder teilweise zum Abdruck zu bringen, befand ich mich also in einem Konflikt, den man verallgemeinernd definieren kann als den Zusammenstoß zwischen der Pflicht des Historikers, die Aufzeichnungen des Verfassers vollständig zu veröffentlichen und der uns auferlegten Verpflichtung, die im Tagebuch verborgenen Geheimnisse zu hüten und die Ehre der Toten zu wahren, welche die gegen sie gerichteten Angriffe und Beschuldigungen Willy Cohns nicht mehr zurückweisen oder widerlegen können. Als ich mich der unausweichlichen Entscheidung nicht mehr entziehen konnte, erhob sich ein weiterer Zweifel: Kommt das eigentliche Wesen eines Menschen im „Geheimgehaltenen" zum Ausdruck oder aber auch und vor allem im „Veröffentlichten"? Jeder Vergleich zwischen den geheimen Gedankengängen Willy Cohns und seinen in jenen Tagen von ihm veröffentlichten weltanschaulichen Betrachtungen (wie z. B. seine Aufsätze „Gespräche unter Juden", „. . . und erzähle es deinem Kinde" – Jüdisches Nachrichtenblatt, 17. 1. 1939 und Pessach 1939) verstärkt diesen Zweifel. Nur wer niemals mit sich selbst gekämpft hat, um seine Triebe zu beherrschen – ein innerer Kampf, dem nach jüdischer Überlieferung selbst ein Moses nicht entging – mag den Vorwurf erheben, daß der Verfasser in seinen Veröffentlichungen die Menschen betrogen und seine wahren Gefühle verdeckt habe. Die letztere Überlegung war schließlich für mich ausschlaggebend. Das hier vorliegende Buch erhebt nicht den Anspruch eines historischen Dokuments, aus dem allein des Verfassers Innenleben zu erkennen ist und die Geschichte der Breslauer jüdischen Gemeinde in den Jahren des Niedergangs und der Vernichtung geschrieben werden könnte. Um so mehr wäre es verfehlt, Schlüsse über die

Haltung des Tagebuchschreibers und seiner Schicksalsgenossen in den ihnen auferlegten Zeiten der Prüfung zu ziehen. Wir haben die meisten Bemerkungen über die Familien Cohns und seiner Frau nicht zum Abdruck gebracht, auch die immer wiederkehrenden Berichte über seine tagtäglichen Besuche bei Friseur, Bank und Post weggelassen. Schließlich haben wir die spontanen Anfälle gegen Mitmenschen, die einer vorübergehenden Erregung entsprangen, gestrichen, desgleichen einseitige kritische Urteile über verschiedene Personen, die später mit Cohn und seinen Angehörigen das gleiche Schicksal erlitten. Bei all dem habe ich mich bemüht, den kontinuierlichen Ablauf der Schilderungen nicht zu unterbrechen, das Gleichgewicht zwischen Positivem und Negativem zu wahren, so weit wie möglich in den Geist des Verfassers einzudringen und in seinem Sinn zu verfahren. Platzmangel (genauer – finanzielle Beschränkungen) machten weitere Kürzungen notwendig. Ursprünglich hatten wir vor, die Tagebuchaufzeichnungen vom Ausbruch des Zweiten Weltkrieges (1. 5. 1938) bis zur letzten Eintragung (17. 11. 1941), die 2400 handschriftliche Seiten umfassen, zum Abdruck zu bringen. Notgedrungen mußten wir uns mit der Veröffentlichung der Aufzeichnungen, die Willy Cohn während seiner letzten Lebensjahre in seiner Heimatstadt Breslau niedergeschrieben hat, begnügen (an 700 handschriftliche Seiten). Darüber hinaus sahen wir uns gezwungen, die Schilderungen militärischer Ereignisse, des Kriegsablaufs und der Frontveränderungen, wie sie der Tagebuchschreiber aufnahm, zu kürzen, denn nur auf diese Weise gelang es uns, eine Publikation von etwa 100 Seiten herauszubringen, deren Hauptthema lautet: „Als Jude in Breslau – 1941." Mit Hilfe von Willy Cohns Tochter, Frau Ruth Atzmon-Cohn, übernahm ich es nunmehr, die Handschrift des Verfassers zu entschlüsseln, Flüchtigkeitsfehler zu verbessern und den Satzbau an den gekürzten Stellen zu ändern. Der Historiker, der an dem gesamten Tagebuch interessiert ist, kann sämtliche Hefte in den Central Archives for History of the Jewish People (Signatur P/88) einsehen. Die Hefte des Jahres 1941 tragen die Nummern 101 – 108. Ausgewählte Auszüge des Tagebuches zwischen dem 27. 10. 1938 bis 4. 10. 1941 schrieb bereits im Jahre 1960 Dr. Ball-Kaduri ab und fügte aufschlußreiche Erklärungen und biographische Einzelheiten nach Befragung von Ruth Atzmon-Cohn hinzu (Yad Vashem, Coll. Ball-Kaduri, 01/260). Eine erste Veröffentlichung des Tagebuches erschien in hebräischer Übersetzung in der Zeitschrift „Moreshet", 4. Jahrg. Heft 6, Dezember 1966, Seite

39 – 46, deren Herausgeber vereinzelte Niederschriften aus der Zeit vom 12. 11. 1938 bis 12. 3. 1940 auswählten. Bruchstücke aus den letzten Seiten (6 – 14. 10. 1941) brachten im Original die „Mitteilungen des Verbandes ehemaliger Breslauer und Schlesier in Israel", April 1973, S. 6 – 7. Der Forscher sollte den Eintragungen des Tagebuches die zahlreichen Aufsätze Willy Cohns, die in der jüdischen Presse Deutschlands in den Jahren 1939 – 1941 erschienen (Israelisches Familienblatt, Jüdische Rundschau, Bayerische Israelitische Gemeindezeitung, Jüdisches Nachrichtenblatt) gegenüberstellen. Vielleicht wird er auf diese Weise zur Erkenntnis der komplexen Gestalt des Verfassers und zu einer abgewogenen Beurteilung seiner vielfältigen Persönlichkeit gelangen und danach – zum wahren Wissen um die Stimmung dieses Menschen und der verzweifelten Lage der Gemeinschaft vordringen, deren Schicksal sich im Tagebuch widerspiegelt.

Auch aus dem wenigen hier Veröffentlichten können wir die widerstreitenden Gefühle und Gedanken eines Juden erkennen, der sich viele Jahre vor dem Aufstieg des Nationalsozialismus der zionistischen Bewegung angeschlossen hatte, aktives Mitglied der sozialdemokratischen Partei war und dabei mit seiner ganzen Seele Deutschland liebte, dessen Geschichte er seine besten Forschungen widmete (jetzt neu aufgelegt durch den Verlag Scientia, Aalen) und sich gleichzeitig der Einzigartigkeit des jüdischen Volkes bewußt und auf dessen Tradition stolz war. Dieser Zwiespalt begleitete ihn bis in seine letzten Lebenstage. In dieser Hinsicht darf er nicht als stellvertretend für die jüdische Gemeinde Breslau angesehen werden. Auch in seinen engen Beziehungen zu arischen Freunden und Genossen stand er vereinzelt da. Mit ihrer Hilfe und Unterstützung gelang es ihm, seine wissenschaftliche Arbeit, deren Forschungsgebiet sich von Mal zu Mal verengte und verbreitete, bis zu seiner Deportation fortzusetzen: Die Geschichte des deutschen Judentums allgemein und der jüdischen Gemeinden Schlesiens insbesondere. Von der Sammlung des dokumentarischen Materials zur Geschichte der jüdischen Gemeinden Deutschlands im Mittelalter und deren Verarbeitung für das umfassende Projekt der Germania Judaica, über die Niederschrift seiner Erinnerungen „als Zeugnis des Lebens des deutschen Judentums vom Beginn des Jahrhunderts bis zum Niedergang der Weimarer Republik", bis zu gelegentlichen historischen Untersuchungen – bei all diesen Bemühungen glaubte er, eine heilige Verpflichtung zu erfüllen: das Andenken der jüdischen Gemeinschaft in seinem Geburtsland zu verewigen, deren bevorstehendes Ende er mit dem geschärften Blick des Historikers voraussah. Außer dem anonymen, stückweisen Bericht, der in der Wiener Library vorliegt und im Anhang als Ergänzung der Tagebuchkapitel abgedruckt ist, besitzen wir – soweit mit bekannt ist – keinerlei Zeugnis über die letzten Tage unserer Breslauer Gemeinde. Mein Dank gilt den Familienangehörigen Willy Cohns in Israel und in der Diaspora, dem Verband ehemaliger Breslauer und Schlesier in Israel und Dr. Hans Tramer vom Leo-Baeck-Institut Jerusalem, die es mir ermöglicht haben, bisher unbekannte Tatsachen und Daten über das Leben der Breslauer Juden am Vorabend ihrer Vernichtung der Öffentlichkeit zugänglich zu machen. Und nach Art und Weise der Totenträger, die den Verstorbenen zu seiner letzten Ruhestätte bringen, fühle auch ich die Pflicht und den inneren Zwang, die Toten um Verzeihung zu bitten, falls ich sie G'tt behüte verletzt habe, als ich daranging, ihnen einen Gedenkstein zu errichten. All mein Tun war ausgerichtet auf ihre Ehre und auf die Ehre des Hauses Israel und des Volkes G'ttes, das dem Schwert zum Opfer fiel.

Joseph Walk

Aus den Tagebüchern des Studienrats a. D.
Dr. Willy Israel Cohn
Breslau 21, Opitzstraße 28

1. Januar 1941; Mittwoch
Also ist man wieder in einem neuen Jahre; wir haben den Abend nicht weiter gefeiert; um 12 Uhr bin ich noch einmal aufgewacht, als die Glocken geläutet haben . . .
Das Jahr 1940, das nun in die Ewigkeit zerronnen ist, hat mir wenigstens gute Schaffensmöglichkeiten gebracht und dafür muß ich dankbar sein; gerade das Schaffen hat mir über vieles hinweggeholfen . . .

2. Januar 1941; Donnerstag
. . . Mit Tamara spazierengefahren; sie hat zum ersten Male in dem eisernen Schlitten gesessen, in dem alle ihre großen Geschwister im Winter vergnügt gefahren sind . . .
Es sind heute wieder −13°; ein harter Winter. Viele Menschen haben gar keine Kohle, auch von den Ariern.
Zeitung gestern und heute. Eine in sehr rauhen Tönen gehaltene Weihnachtsbotschaft des Führers. Er hat sehr geschimpft, von jüdischen Parasiten gesprochen . . .

3. Januar 1941; Freitag
. . . Heute früh war ich schon nach Milch. Gewaltige Schneemassen sind heruntergekommen und kommen noch weiter herunter, dazu weht es tüchtig; ein furchtbarer Kriegswinter. Jetzt wird sich der Krieg erst seine Opfer holen: Unterernährung, mangelnde Heizung, Grippe. Die apokalyptischen Reiter.

4. Januar 1941; Sonnabend
. . . Am Nachmittag im G'ttesdienst gewesen, aber der Weg hin und zurück durch die gewaltigen Schneemassen und den Wind hat hat mich sehr angestrengt . . .
Zeitung: Deutsche Flieger sind nun im Mittelmeergebiet für Italien

eingesetzt worden; sie sollen die Italiener herauspauken. – Vom Fall von Bardia stand noch nichts in den Zeitungen.

5. Januar 1941; Sonntag
. . . Zu meiner Freude einen Schein für 5 Zentner Kohle bekommen, so daß wir für den Januar wieder eingedeckt sind . . .
Es hat auch gestern den ganzen Tag geschneit, viele Juden mußten für die Marstallverwaltung Schnee schippen; den Übergang an der Kaiser-Wilhelm-Straße/Goethestraße machten Kriegsgefangene frei.

6. Januar 1941; Montag
. . . Heute eine besonders große Freude: Von der Jugendhilfe kam eine Nachricht, daß Ruth am 24. 12. gut in Palästina angekommen ist. Ich bin aus tiefstem Herzen dankbar. Zwei Punkte, die sie sich als Lebensprogramm vorgenommen hat, hat sie durchgeführt, der dritte Punkt ist die Anforderung.
. . . Bank: 200 Mark von Ruths Konto an die Schwiegereltern werden noch abgeschickt, dann wird ja das auch Geld eines »feindlichen Auslandes«. . . . Zeitung: Die Deutschen werden propagandistisch darauf vorbereitet, daß Bardia verloren ist; anscheinend geht wohl auch die nordafrikanische Italienarmee mit drauf.
Es sieht überhaupt für Deutschland im Augenblick nicht günstig aus, da die englisch-amerikanische Einigkeit immer enger wird. Sie sitzen zweifellos auf dem längeren Aste. Die Massen müssen wie immer den Krieg mit ihrem Blut bezahlen. Wenn es jetzt rascher geht, würde es vielleicht nicht mehr zum Eingreifen Japans kommen.

7. Januar 1941; Dienstag
. . . In der Dombibliothek Material für die G. J. gesammelt; es haben sich alle dort sehr gefreut, daß Ruth gut in Erez Israel angekommen ist . . . Zeitung: Die Engländer dringen in Nordafrika weiter vorwärts und stehen schon hinter Bardia. Es sieht so aus, als ob auch die Jugoslawen auf Seite der Engländer mitgehen werden. Es sieht für die Deutschen schon sehr ungünstig aus. Hoffentlich lassen sie nicht die Wut an uns aus. Die Luftschutzräume sollen jetzt alle wohnlich eingerichtet werden . . .

8. Januar 1941; Mittwoch
... Die Zeitung macht jetzt anläßlich der Stellungnahme gegen de Gaulle wieder stark in Antisemitismus; ein jüdisch-englischer General soll hinter ihm stehen. Bank: die 200 Mark Unterstützung aus Ruths Konto sind an den Schwiegervater jetzt abgegangen. Der Vorsteher erzählte mir, daß wir Juden jetzt noch eine Sondersteuer von 15 Prozent aufbringen müssen, die bisher nur von den Polen erhoben wurde, weil wir den Schutz des Reiches genießen, ohne Volksdeutsche zu sein; eine gewaltige neue Belastung, aber über geldliche Dinge rege ich mich nicht mehr auf; man muß sich eben weiter einschränken; manche Einschränkung kommt ja zwangsläufig; durch Arbeit kann ich ja das kaum ausgleichen. So sorgt schon jeder Tag für neue Variationen. ... Ich sprach einen Juden, der bei der Marstallverwaltung arbeitet; er sagte mir, daß die Behandlung erstklassig ist; er ist Leiter einer Kolonne, die eine bestimmte Aufgabe hat; er trug eine kleine gelbe Binde. Er machte im ganzen einen befriedigten Eindruck. Für manche ist das ja auch besser als das Herumsitzen.
Angeblich soll in Palästina wieder ein großer Araberaufstand sein, aber ich bin gegen diese Tendenznachrichten jetzt um so mißtrauischer, weil die Araber jetzt, wo es den Italienern schlecht geht, erst recht keine Veranlassung haben, den Engländern Schwierigkeiten zu machen.

9. Januar 1941; Donnerstag
Gestern abend (kam) ein dicker Brief von der Gesellschaft mit vielen kleinlichen Ausstellungen von Baeck, die mich morgen wieder zu einem sehr langen Briefe zwingen werden. Gerade die Zusammenarbeit mit einer jüdisch-wissenschaftlichen Stelle schafft sehr viel mehr Reibung, als ich sie früher in der Zusammenarbeit mit anderen gewöhnt war; aber da ich an der Arbeit hänge, die ich einmal begonnen habe, so muß ich eben auf die Dinge eingehen, so unangenehm mir das eben ist. Ich werde aber Baeck entsprechend schreiben. ... Gewaltige Schneemassen sind nachts zu den schon vorhandenen heruntergekommen, und auch am Vormittag hat es ununterbrochen geschneit; in der Innenstadt ist schwer durchzukommen; überall arbeiten Kolonnen von Kriegsgefangenen. Ecke Gartenstraße und Schweidnitzer Straße hatte ich von der Straßenbahn aus den Eindruck, daß auch jüdische Frauen Schnee schippten. ... Bei der Bezirksscheinstelle eine Seifenpulverkarte für Tamara geholt, was glatt ging. Was für ein Gesindel ist unter

den Kunden teilweise dort: Leute, die mit der Taufe der Kinder renommieren, um eine Kleiderkarte zu bekommen! Man schämt sich; aber es ist vielleicht auch gut, daß das Judentum solche Leute los wird. . . . Die Pförtnerin (der Dombibliothek) hat mir heute für die Kinder zwei Äpfel und zwei Apfelsinen im ganzen für 40 Pfennig gegeben; rührend.

11. Januar 1941; Sonnabend
Gestern bin ich nicht zum Einschreiben gekommen; . . . Zwei Stunden hat mich der Brief an die Forschungsabteilung der Lehranstalt gekostet; ich bin fest entschlossen, meine Weiterarbeit an der G. J. davon abhängig zu machen, daß mir zugesichert wird, von einer so weitgehenden Kritik abzusehen; mein Brief gestern hat an Deutlichkeit nichts zu wünschen übriggelassen. Die Morgenpost brachte gestern aber auch eine sehr große Freude in Gestalt eines lieben ausführlichen Briefes von Ruth aus Konstantinopel; die Gruppe ist auch über das Schwarze Meer gefahren, wobei Ruth auch seekrank geworden ist; in Rußland fand sie die Menschen sehr elend; in zwei Städten hat sie Rundfahrten gemacht; ich nehme an in Moskau und Odessa . . .
Am Nachmittag ins Beate-Guttmann-Heim; . . . mit Herrn Perle und einem Herrn Neustadt ein Stück zurückgegangen; H. Neustadt erzählte, in welch jammervollem Zustande die Akten des Archives der Synagogengemeinde wären: halb verschimmelt – ein Jammer . . .
Zeitung: Das Wichtigste: ein großes Vollmachtsgesetz der Vereinigten Staaten: Hilfe für England . . .

13. Januar 1941; Montag
Gestern nachmittag anläßlich des Tages der Briefmarke habe ich einmal »blau« gemacht und mich mit meinen Doubletten beschäftigt; . . . Am späten Nachmittag war Trudi Silberstein da; sie war in sehr trauriger Stimmung, da ihr Freund Herr Nellhaus sich das Leben genommen hat, offenbar in geistiger Umnachtung, denn irgend ein äußerer Grund lag nicht vor . . .
. . . Unsere Edith Rössler, die seit kurzem bei uns Hausgehilfin ist, muß ab heute Schnee schippen, hoffentlich nur vorübergehend.

14. Januar 1941; Dienstag
Gestern vormittag wieder einmal in der Dombibliothek gearbeitet . . . Von Frau Jilek bekam ich ein Pfund Linsen zu kaufen. Die

Frau ist von einer rührenden Aufmerksamkeit. Auch die Mater Huberta, die zuerst ziemlich ablehnend war, ist mir jetzt bei meinen bibliographischen Nachforschungen sehr behilflich, so daß ich gestern ein gutes Stück vorwärts gekommen bin. Die Arbeit an der G. J. macht mir große Freude, wenn ich sie auch keinesfalls fortsetzen werde, wenn die kleinliche Kritik nicht aufhört ...
... Zeitung: eine Notiz über die Sozialabgabe der Juden, die uns ja einen weiteren erheblichen Teil des Einkommens kostet, aber das ist ja noch das wenigste in diesen Zeitläuften. Immerhin braucht man ja auch Geld, um zu leben. Irgendwie wird man schon durchkommen.

15. Januar 1941; Mittwoch
... gegen abend (kam) meine Nachbarin Inge Fulde, etwas älter als unsere Ruth, der ich bei ihrem Aufsatz: »Der Kampf gegen das Fremdwort« half; sie besucht die König-Wilhelm-Oberschule, die in unserem alten Johannesgymnasium untergebracht ist. ... Das Thema ist natürlich, wie alles in dieser Zeit, überspitzt. Ich gab es früher gern in der Form: »Unsere Stellung zum Fremdwort« ...
Dombibliothek, wo ich sehr angenehme Stunden wie immer verlebte; die Mater Huberta fragt mich jetzt auch wegen des Registers für den Lesesaal um Rat; Engelbert stellte mich auch heute einem neuen Herrn, dem Pfarrer Möpert vor, der auch Archivpfleger ist. Angeblich soll einmal eine jüdische Organisation einen Archivar Göbel mit der Abfassung einer Geschichte der Juden beauftragt und dafür 2000 Mark ausgesetzt haben. Ich soll mich einmal nach diesem Archivar erkundigen.
Engelbert sprach auch mit mir den neuen Band des Archivs für Kirchengeschichte durch, der vorbereitet wird ...

16. Januar 1941; Donnerstag
Gestern nachmittag war Edith Rössler da, um uns wegen des Schneeschippens Bescheid zu sagen. Sie hat es ganz gut; im Grunde sagte sie, ist sie dort überflüssig, es ist gar nicht so viel Arbeit. Der Schuldiener aber ist nett zu den beiden Frauen und sagte ihnen, daß sie sich aufwärmen sollen, wenn ihnen kalt (ist) ...
... Susannchen wird hoffentlich nun einmal ein Vierteljahr gesund bleiben und regelmäßig zur Schule gehen können, die unter sehr schwierigen Verhältnissen im Hause der »Gesellschaft der Freunde« stattfindet. Die Kinder dürfen nicht auf den Hof.

17. Januar 1941; Freitag
Gestern vormittag Büchertausche. Frl. Passia sagte mir, daß die j. Kreise, in denen sie verkehrt, alle mit dem Abtransport rechnen; ich sagte ihr, daß sich die Juden mit dem Ausdenken solcher Dinge erst recht das Leben erschweren. Aber man (hat) leider nicht die Möglichkeit auf Menschen, die anfangen, ihre Nerven zu verlieren, einzuwirken. Es ist ja noch erstaunlich, daß die meisten so lange durchgehalten haben . . .
Die Abendpost brachte eine sehr große Freude mit einer frischen Nachricht von Wölfl vom 18. 12.; er ist in einer Oase; offenbar in der algerischen Wüste und hat Innendienst in der Kaserne. Rufs berichten, daß er ganz ausgeglichen schreibt. Die Eingeborenen sind nett und freundlich und verkaufen Datteln und Eier. Auch Dr. Rothschild hat aus Basel geschrieben. Man tut was man kann für die Ausgewiesenen, aber manche warten die Hilfe nicht ab und nehmen sich das Leben. Furchtbar.
Heute früh Dombibliothek; . . . ich soll für das Archiv für Schlesische Kirchengeschichte einen Bericht über die Neuordnung der Handbibliothek schreiben; ich habe das Direktor Engelbert vorgeschlagen, um ihn zu entlasten. Er hat mir heute die Sondermarke vom Tage der Briefmarke geschenkt. Wir stehen sehr gut miteinander.
. . . Zeitung nichts Besonderes. Man macht sich über ein Jüdisches Fliegerkorps lustig, das in Palästina aufgestellt wird.
Nachmittag wegen des besonders kalten Wintertages nicht zum Beten gewesen, aber um auch etwas vom Schabbat zu haben, nahm ich mir Susanne und Tamara ins Eßzimmer und las dann auch den Thoraabschnitt. Susannchen weiß immer ganz gut Bescheid, da sie ihn in der Schule durchnimmt . . . Gestern vormittag tüchtig noch für die G. J. Material gesammelt; es ist schon ein Stück Leidenschaft geworden und hilft über vieles hinweg. Am Nachmittag kam mein alter Freund Hanke, der 1¼ Jahre nicht da war, wegen Briefmarken. Ich hatte mich sehr gefreut, denn ich hänge sehr an ihm; er ist jetzt beim Sicherheits- und Hilfsdienst der Organisation, die bei Fliegerangriffen zur Rettung der Bevölkerung eingesetzt werden soll. Es geht ihm ganz gut, und er ist weit herumgekommen, bis nach Sylt. Hamburg war ziemlich »zerteppert« als er dort war . . .

19. Januar 1941; Sonntag
... Ilse Peiser, die auf Urlaub aus Winkel da ist, macht(e) uns einen Besuch, ... über Hachscharahprobleme unterhalten. Ihre Eltern machen es ihr sehr schwer wie oft in solchen Fällen, aber sie wird ihren Weg schon durchsetzen. Sie geht jetzt nach Hamburg ins Beth hanoar. – Als ich nach Hause kam, war Lotte Helfgott da, um sich zu verabschieden; sie geht jetzt nach Winkel auf Hachscharah; daß es bei ihr so weit gekommen ist, ist ja zum Teil auch mein Werk. Frl. Liebe war am Vormittag einen Augenblick da; sie arbeitet jetzt nicht mehr im Waisenhaus; sie ist jetzt in einer Konfektionsnäherei ...

20. Januar 1941; Montag
Gestern nachmittag war ich in der Kinderstube und habe mit Susanne gespielt. Hebräisches Lotto und ein Geduldspiel; beim hebräischen Lotto lernt man viel Vokabeln ... Bank: vor allem wegen der Konten der ausgewanderten Kinder; vielleicht kann ich noch die Zinsen von Ruths Geld mit Genehmigung der Devisenstelle für uns bekommen.
Auf dem Wege zur Bibliothek den Koll. Klifoth getroffen; wir freuten uns beide an der unendlichen Schönheit der Dominsel im Winterkleide. Er ist Hamburger, seine Mutter war dort 120mal im Luftschutzkeller; jetzt hat er sie zu sich nach Breslau genommen. Hamburg soll es noch nicht so böse getroffen haben als Bremen. Klifoth arbeitet jetzt mit Prof. Schaefer zusammen an einem Buche über Schulphysik; wir sprachen über methodische Fragen der Geschichtswissenschaft: So ein Gespräch tut gut. In der Bibliothek böhmische Literatur gearbeitet, dann noch Engelbert gesprochen ...

21. Januar 1941; Dienstag
Gestern nachmittag tüchtig an den Exzerpten für die G. J. gearbeitet. Prag interessiert mich sehr ...
Gegen abend war noch unsere Nachbarin, Frau Fulde, in Luftschutzangelegenheiten bei uns; es weht jetzt noch eine schärfere Luft; aber bei uns ist ja alles immer in Ordnung. Wir sprachen über die Ausstattung des Luftschutzraumes und dann über die Lage. Die arischen Menschen machen sich ja jetzt auch viel Sorge und haben sich 1939 manches anders vorgestellt.

22. Januar 1941; Mittwoch
Gestern vormittag tüchtig für die G. J. gearbeitet, ich lege jetzt eine ziemlich umfangreiche Material(sammlung) für Prag an; es wird das sicher einer der schwierigsten Artikel, aber auch einer der interessantesten; es fällt auf, wie vieles von den Nachrichten in nichts zerrinnt, wenn man sie kritisch untersucht.... Heute früh ein Brief der Gemeinde in einer Archivangelegenheit; wenn sie nicht weiterkönnen, greifen sie auf mich zurück. Dombibliothek, ziemlich viel Material gefunden.
Politische Lage: Rückzug der Italiener auf der Abessinienfront; Mater Innocentia erzählte mir, daß augenblicklich wegen USA wieder große Judenhetze in den Schulen ist. Deutschland will USA den Krieg erklären wegen des Herunterreißens der Flagge. Man wisse auch, daß an dieser ganzen Entwicklung der jüdische Einfluß schuld ist; also kann man sich wieder auf einiges gefaßt machen.
Im Ermland werden jetzt viele katholische Geistliche, auch Kanoniker, eingesperrt. Die Italiener treten jetzt auch an der abessinischen Front den glorreichen Rückzug an. Nur Barbier Duscha ist noch von der glänzenden Lage überzeugt.

24 Januar 1941; Freitag
... Zeitung: Der Fall von Tobruk; er wird natürlich von der deutschen Presse bagatellisiert. Es ist ein großer Erfolg; die Italiener mußten ein Kriegsschiff sprengen, das selbstverständlich überaltert war.

25. Januar 1941; Sonnabend
Gestern vormittag mit Tamara spazierengegangen, die üblichen Besorgungen; im Automaten einige kümmerliche Süßigkeiten gezogen; aber man freut sich, wenn man in diesen Zeitläuften den Kindern etwas antun kann ...
Abends gemütliches Freitagabendessen, Bett; da wir in den letzten Tagen nicht so viel geheizt haben, konnten wir uns wieder einmal ein Bad leisten. So werden Selbstverständlichkeiten zu besonderen Ereignissen ...

26. Januar 1941; Sonntag
Der gestrige Tag brachte mir eine ziemliche postalische Aufregung; ich bekam von der Lehranstalt einen Brief, über den ich mich erheblich gekränkt habe. Weil ich die Verbesserungen der Aufsätze nicht so gemacht habe, wie sie in Berlin wollen, hat man mir

einfach einen Teil des Honorars gesperrt; ich habe natürlich entsprechend geantwortet; aber meine Erfahrung, daß jüdisches Brot besonderen Ärger verursacht, hat sich leider auch hier bewahrheitet. Ich werde sehen, daß ich aus dieser Arbeit so bald wie möglich herauskomme . . .

27. Januar 1941; Montag
Gestern nachmittag war mein Freund Hanke da zum Briefmarkentauschen. So etwas ist für mich immer eine große Entspannung; es ist auch eine alte Freundschaft. H. erzählte mir u. a., wie schlecht die Stimmung in der Bevölkerung ist und daß viele sagen, es wäre besser gewesen, mit der Judengeschichte gar nicht anzufangen.
. . . Der Winter hat noch einmal mit voller Schärfe eingesetzt; im Freien waren heute −22°, in der Stadt −17°. Der Himmel ist ganz klar, so wird es in der nächsten Nacht noch kälter sein. Für viele bedeutet ein solcher Winter den Tod; was sollen die armen Leute in Warschau machen mit ½ Zentner Kohle pro Monat.
Heute früh Dombibliothek; die Fahrt in der überfüllten Straßenbahn ist jetzt auch ein Problem! Mit einer Frau ins Gespräch gekommen, die aus der Großmarkthalle vom Einkauf kam. ¼ Sack mit Mandarinen und etwas Blumenkohl, das ist die ganze Ausbeute; durch die furchtbare Kälte wird ja noch weniger hereinkommen. In der Bibliothek noch manches Material für die G. J. gefunden, doch habe ich mich innerlich schon sehr aus dieser Arbeit herausgelöst, nachdem ich soviel Ärger gehabt hatte . . .
In der Bibliothek mich nützlich gemacht durch die Entzifferung von Büchertiteln, die die anderen nicht lesen können.

28. Januar 1941; Dienstag
Gestern nachmittag fleißig gearbeitet; einen kleinen Artikel für die G. J. umgeschrieben; ich werde da bis zum letzten Augenblick meine Pflicht tun . . .
Heute früh in der Bibliothek gewesen, mancherlei geholfen und heute nicht soviel an meinen Sachen gearbeitet; ich habe immer das Gefühl, daß ich mich dankbar erweisen muß. Viel von meinem Wissen liegt ja auch brach. Zur Lage: Die Front in Abessinien auf 2500 km Länge ist völlig am Zusammenbrechen; die Italiener sind in Sorge, was aus ihren Siedlern, die sie dorthin verpflanzt haben, werden soll. In Lybien sind die Engländer inzwischen sehr weit vorgekommen; die Kämpfe sind jetzt bei Derna. Das ds. Volk merkt jetzt, was ihm bevorsteht; es gibt schon Leute, die sich am

Chiemsee ankaufen und bei Nürnberg, weil sie mit einem katholischen süddeutschen Staat rechnen. Vae victis! Das hätte alles nicht so zu kommen brauchen. Man hat hier in Deutschland in einer allgemeinen Irrenanstalt die Geisteskranken durch Gas getötet, der Papst soll schon mit dieser Angelegenheit befaßt sein.
So etwas bleibt menschlichem Empfinden schwer faßbar, wenn auch die armen Menschen vielleicht erlöst sind.

30. Januar 1941; Donnerstag
Gestern nachmittag einen kleinen Artikel für das Nachrichtenblatt und schließlich einiges für die Gesellschaft (geschrieben). . . . Heute früh war die Kälte womöglich noch größer, trotzdem bin ich ins Archiv gefahren; man ängstigt sich dort immer, wenn ich längere Zeit nicht erscheine. Für die Abschnitte Böhmen und Mähren der G. J. ist dort allerdings nicht mehr sehr viel zu holen, aber ich halte mich sonst wissenschaftlich auf dem laufenden und werde jetzt dort auch die Regestenkarthothek der Urkunden neu ordnen, eine dringend notwendige Arbeit, die ein Flüchtlingspfarrer aus Tarnowitz machen sollte; er hat aber die Nerven verloren, da er in Sorge ist wegen der Aussiedlung seiner Angehörigen. Überall Leid! Heute ist der Geburtstag des Dritten Reiches. Acht Jahre schon, die man überlebt hat. Jetzt am Nachmittag um 4¼ Uhr wird der Führer reden; ich nehme an, daß es auch wieder gegen uns losgehen wird, vielleicht nur, daß er sich mit Rücksicht auf die USA eine gewisse Reserve auferlegen wird. Sehr nicht. Viel Unheil ist in diesen acht Jahren über die Menschheit gekommen, aber ich glaube, wir stehen erst am Anfang dessen, was kommen wird. Man erzählt sich, daß er die Absicht hat, bei dem Invasionsversuch gegen England drei Millionen Menschen zu opfern. Er kann nun nicht mehr zurück und muß versuchen, so oder so zu einem Ende zu kommen. Der Schwung der Bewegung hätte nicht dazu ausarten brauchen. Denn an und für sich ist es ja um den nationalen Gedanken eine große Sache, aber nun ist so vieles kleinlich geworden und egoistisch, wie leider überall, wo die Menschen die Hand im Spiel haben. Allmählich verliert man den Glauben. Ich glaube auch nicht mehr, daß die Begeisterung des deutschen Volkes für das Dritte Reich sehr groß ist, aber niemand wagt sich zu rühren. Die Menschen denken alle mit Furcht und Grauen an das, was noch kommen kann. Dazu kommt noch im Augenblick die wahnsinnige Kälte und die Knappheit an Lebensmitteln; es kann wenig in die Stadt hineinkommen; Heizung ist

auch sehr knapp, man hört in der Straßenbahn Gespräche, daß die Menschen solange als möglich im Bett bleiben. Die Wagen sind so zugefroren, daß man nicht sehen kann, wo man ist . . .

1. Februar 1941; Sonnabend
. . . Gestern nachmittag noch einiges für meine G.-J.-Artikel zurechtgelegt, dann noch ein Buch getauscht und zum Beten nach dem Beate-Guttmann-Heim gefahren. Unterwegs unterhielt ich mich mit Herrn Gallinger, dem Leiter der Konsumvereinsfiliale in Kleinburg, wo wir jahrelang gekauft haben; sein Sohn ist jetzt eingezogen, er war mein Schüler – er steht in Straßburg; ich habe ihn um die neuen elsässischen Briefmarken bitten lassen. Auch bei Herrn G. erlebte ich jetzt das gleiche, was man so häufig bei arischen Menschen erlebt; wenn sie uns sprechen, so haben sie den Wunsch sich zu erleichtern und ihre wahre Meinung über die Lage zu sagen. Auch G. sieht mit großer Skepsis die Berichte, wie sie in den deutschen Zeitungen verbreitet werden. – Im Beate-Guttmann-Heim ist jetzt auch viel Krankheit; unter den Alten wird nun Grippe und Lungenentzündung bei der schlechten Ernährung und der Kälte verheerend wirken, obwohl draußen im Heim, so gut wie es geht, für die Menschen gesorgt wird . . .
Mit Herrn Perle ein Stück gegangen; ich soll morgen einmal in die Gemeinde gehen; es sind alte Bücher usw. zu begutachten, die aus dem Archiv ausgeordnet worden sind. . . . Bank: eine vergebliche Reklamation wegen der Höhe der Bankspesen; sie sind jetzt für Juden besonders erhöht worden. Man nimmt uns allerhand . . .
Die Zeitungen geben heute den Fall von Derna zu, d. h. die freiwillige Räumung. In Wirklichkeit ist es schon längere Zeit gefallen. Der Barbier sagt, daß das keine Rolle spielt. Manche Menschen meinen, daß das, was der Gegner tut, immer belanglos ist.

2. Februar 1941; Sonntag
Heute früh habe ich bei der Gemeinde einige Bücher besichtigt, um die mich Herr Perle gebeten hatte. . . . U. a. befanden sich alte Liviusausgaben aus dem Anfang des 18. Jahrhunderts darunter. Ich habe veranlaßt, daß zunächst einige Listen geschrieben werden, vielleicht kann man doch noch im Interesse der Gemeinde einiges verwerten. . . . Am Nachmittag war jetzt Hanke da, wir haben Briefmarken getauscht; er hat auch ein paar Puddingpulver mitgebracht . . .

3. Februar 1941; Montag
Heute vormittag Milch geholt, dabei verwickelte mich der Milchhändler Suppelt in ein Gespräch über die Lage; das tun die Arier jetzt sehr gern, weil sie hoffen, eher von uns eine Meinung zu hören, wie es wirklich ist. S. sagte, daß auch im Weltkrieg immer wieder gesagt worden sei, es stände ausgezeichnet und dann war alles verloren. . . . Die Post brachte einen sehr lieben Brief von Schwester Rahel, sie ist sehr treu; u. a. schreibt sie, daß Berliner Juden eingesperrt worden sind, weil sie Butter im Schleichhandel bezogen haben. Ich habe mich ja stets gegen diese Dinge gewandt; man hat die Gesetze des Staates zu halten, ob sie einem passen oder nicht . . .
Mit der Straßenbahn 14 zum Finanzamt Mitte, wo mich Inspektor Utical bestellt hatte. Er ist immer sehr nett zu mir; ich hatte ja auch seinen Jungen, der mit Ernst in eine Klasse ging, unterrichtet. Es handelte sich um Angelegenheiten von Wölfl und Annie. Ich werde übrigens für Wölfl auch eine Unbedenklichkeitsbescheinigung bekommen, so daß ich vielleicht noch Unterstützungszahlungen leisten kann. Von dort zur Bibliothek gefahren, wo ich heute nichts für die Gesellschaft, sondern nur Regesten geordnete habe; ich freue mich, mich dort für die Gastfreundschaft erkenntlich zeigen zu können.
Von der Pförtnerin werde ich auch in der Woche Lebensmittel erhalten, die sie übrig hat; sie würde sonst die Marken verfallen lassen . . .
Es gehen wieder gewaltige Schneemassen nieder und gewiß werden auch wieder Juden zum Schneeschippen herangeholt werden. . . . In Trautenau hat man die Fremden ausgewiesen, weil man die Lebensmittel für die Einheimischen braucht. Gerade die ehemaligen Österreicher, die auf gutes Essen solchen Wert legten, werden nun merken, in welche Lage sie gekommen sind. Die allgemeinen Schulen sind, um Kohle zu sparen, auf 14 Tage geschlossen worden.

4. Februar 1941; Dienstag
Gestern nachmittag einige schwierige Artikel für die G. J. gemacht; man hat seit einiger Zeit meine Artikel nicht mehr kritikastrisch untersucht, so daß ich in Ruhe arbeiten kann. . . . Heute früh in der Dombibliothek gewesen und Regesten geordnet. . . . Man lernt auf diese Weise sehr viel auf einem Gebiete, wo ich noch manches zuzulernen habe . . .

Nachher noch im Beate-Guttmann-Heim gewesen. . . . Am Nachmittag- und Abendgebet teilgenommen, was ich ja früher in der Abraham-Mugdan-Synagoge täglich getan habe.

6. Februar 1941; Donnerstag
Gestern nachmittag eine größere Sendung an die Gesellschaft zur Absendung gebracht; heute früh im Archiv viel über den Regesten gearbeitet; ich bin jetzt schon ein gutes Stück vorwärts gekommen und hoffe diese Arbeit bis Ende nächster Woche beendet zu haben. Es ist sehr schön, wieder in einem wissenschaftlichen Betrieb tätig zu sein und von den eingehenden Anfragen zu hören; so wurden heute aus Hindenburg Photokopien für eine Stadtgeschichte bestellt; ich lernte auch einen interessanten Kollegen kennen, Studienrat in Ohlau, augenblicklich Batterieführer in Kielce; er kam von einer Übung in Jüterbog; ich fragte ihn auch nach den Juden in Kielce; aber sie leben von der Bevölkerung ganz abgesondert. Er fand es auch gemein, unter welchen Umständen wir hier leben . . .
Man spricht von Evakuierungsmaßnahmen gegen die Juden in Wien; als Revanche gegen die Unruhen, die es vor einiger Zeit bei einem Auftreten Baldur von Schirachs gegeben haben soll, dabei aber waren sicher keine Juden beteiligt.

7. Februar 1941; Freitag
Die Post brachte einen sehr lieben Brief von Dr. Rothschild – Basel. Meine Arbeit über Thomas von Aquino ist gesetzt, aber der Pater Hacfele von der Zeitschrift »Divus Thomas« hat jetzt etwas Angst aus Furcht vor Deutschland damit herauszukommen. Rothschild bemüht sich, seine Bedenken zu zerstreuen. Ich will auch am Montag mit Engelbert sprechen. . . . In der Mittagsstunde auf der Post gewesen; wir haben ein großes Lebensmittelpaket nach Weruschau (geschickt), hoffentlich kommt es gut an; die Freude wird bei der Not, die dort herrscht, groß sein.

8. Februar 1941; Sonnabend
Gestern am Nachmittg den Thoraabschnitt gelesen und noch einiges an meiner Karthothek jüdischer Arbeiten gemacht; dann zum Beten gegangen.

9. Februar 1941; Sonntag
Gestern vormittag einen ziemlich schwierigen Artikel für die G. J. fertiggemacht . . . Die Post brachte die große Freude einer frischen Nachricht von Wölfl von Anfang Januar; es gibt ja nichts Schöneres als von den Kindern Post zu bekommen. Später mit Tamara etwas spazierengegangen und auch auf der Bank gewesen. Ein paar Süßigkeiten gezogen; das Kind freut sich immer, wenn man ihm etwas Besonderes antut.

10. Februar 1941; Montag
Gestern vormittag eine Sendung für die Lehranstalt herausgebracht. . . . Im Breslauer Stadtbild fällt auch auf, wieviel an Luftschutzkellern gearbeitet wird, nur in unserem Hause wird nichts gemacht. Der Verlust des italienischen Kolonialreiches scheint ein totaler zu sein.
Was mag Deutschland planen? Man spricht von einer Besetzung Bulgariens und einem Vormarsch nach Griechenland; auch von Aktionen gegen Rußland zur Besetzung der Ukraine wird geredet. Ganz dunkel liegt ja das Verhältnis zu Rußland. Aber solche Besetzungen brauchen durchaus nicht eine Machtsteigerung für Deutschland zu bedeuten; das Gebiet, das sie beherrschen und wo sie nirgends Freunde haben, wird dadurch immer größer, aber Deutschland muß handeln, ehe die Hilfe von USA immer wirksamer wird.
Bibliothek; den Direktor Engelbert um Rat gefragt wegen meiner Arbeit für den »Divus Thomas«. Er sagte, ich solle nicht drängen, damit nicht noch eine Zeitschrift zerplatzt; die Arbeit sei ja jetzt gedruckt und damit gesichert und bei einer wissenschaftlichen Arbeit käme es ja nicht darauf an, ob sie erst etwas später erscheint. Im Grunde hat er recht, und ich bin ja jetzt schon froh, daß die Arbeit gesichert ist. Ich habe an E. wirklich einen guten Berater. Er zieht mich auch immer zu allen möglichen Sachen hinzu, z. B. wenn schwierige Gutachten zu machen sind. Es sind jetzt meist Streitigkeiten mit der Kirche, die man pekuniär zu schädigen versucht. Man bekommt dadurch Einblick in verschiedenste Dinge, und ich habe das beglückende Gefühl, in einem geistigen Betriebe zu stehen. Heute habe ich auch für ihn Korrekturen für sein neues Buch »Geschichte der Michaeliskirche« gelesen.

11. Februar 1941; Dienstag
Gestern nachmittag noch Korrekturen für Engelbert gelesen und einiges für die G. J. gemacht. Heute früh schon zeitig im Archiv gewesen und den größten Teil der Regesten zu Ende geordnet. Engelbert nur kurz gesprochen; . . . es sind wieder zwei Geistliche im Konzentrationslager in Dachau gestorben.
Politik: in Rumänien war im Januar offenbar eine große Revolution der Legionärbewegung gegen Antonescu, sie hat leider auch vielen Juden das Leben gekostet.
Das Volk spricht hier jetzt viel von der kommenden großen Schlacht; und so sehr man sich über das Nachlassen der Kälte freut, so sehr zittert man davor. Eine für die Welt verhängnisvolle Lage.

13. Februar 1941; Donnerstag
Heute vormittag Dombibliothek: Hauptsächlich Korrekturen für das Archiv für schlesische Kirchengeschichte gelesen. Eine sehr interessante kritische Untersuchung des Pfarrers Möpert in Kant über eine schlesische Urkunde.

14. Februar 1941; Freitag
Gestern konnte ich noch ein tüchtiges Stück an dem ziemlich schwierigen Artikel Böhmen schreiben . . .
Zu Haupt und Hoffmann, um mir ein(en) Schein für Kohle abzuholen; wir dürfen bis zum 31. März noch sieben Zentner verbrauchen; ich hoffe sogar, daß wir auskommen werden. Für 12 Uhr war ich zu Prof. Görlitz bestellt, und ich habe wieder bei ihm eine sehr anregende Stunde verlebt; man ist ja dankbar für jede solche Aussprache und er meint es besonders gut mit mir. Er schenkte mir auch eine neue Arbeit von sich, die in der Zeitschrift des Vereins für Geschichte Schlesiens erschienen ist. Da er in nächster Zeit in einer wissenschaftlichen Frage den Baurat Stein aufzusuchen hat, wird er auch Gelegenheit nehmen, ihn wieder an mich zu erinnern. Denn Stein wollte mich ja seinerzeit noch einmal vorladen.
. . . Wir sprachen auch darüber, wie im Zuge der deutschen Kolonisation auch die Juden mit den Deutschen wohl in diese Ostländer gekommen sind. Er interessiert sich im Augenblick auch sehr für die Fragen des Judeneides, ich habe ihm eines diese Dinge behandelndes Exzerpt sowie auch ein Exemplar meiner Arbeit über die Juden in Görlitz, das ich noch übrig hatte (geschenkt). Die Unterhaltung glitt, wie das in diesen Zeiten auch nicht anders sein kann, auf den Alltag über, d. h. auf die Tagesereignisse. Nach einer

brieflichen Mitteilung sollen in Hannover 300 Häuser in Brand geraten sein, und er meint, daß (das) ds. Volk nicht mehr an die Verluste glaube, die durch die Zeitungen bekanntgegeben werden. Auch er macht sich seine Gedanken über den Ausgang des Krieges. Man bemerkt jetzt überall dieses Erwachen, und nur noch die unmittelbarsten Nutznießer des Regimes denken anders. Auch Görlitz hält die Hilfe von USA für eine sehr ernste Angelegenheit und die Stellung Rußlands für sehr dunkel. Zum wissenschaftlichen Gespräche ist noch nachzutragen, daß G. erzählte, daß die Breslauer Stadtgeschichte, die zum 700-Jahr-Jubiläum in diesem Jahre erscheinen soll, erst nach dem Kriege herauskommen wird, wenn (wieder) gutes Papier beschaffbar ist. Wir waren uns darüber einig, daß sie dann innerlich auch ganz anders aussehen wird.
Frl. Cohn erzählte mit heute, daß der frühere Rechtsanwalt Böhm aus Brieg, mit dem ich dort bei meinen Vorträgen oft zusammen war, in dem Lager in den Pyrenäen gestorben ist. Er war dorthin mit so vielen anderen aus Belgien gekommen. Auch Ernst Honigmann soll dort sein. Niemand weiß, wo ihm das Schicksal beschieden ist.

15. Februar 1941; Sonnabend
Heute früh ein größeres Stück an dem Artikel Böhmen gemacht. Die Post brachte eine frische Nachricht von Wölfl vom 24. 1., der immer wieder die Zeilen seiner Lieben liest ... Wie mag dem Jungen bange sein! Schon eine Petroleumlampe ist dort ein Luxus.

17. Februar 1941; Montag
Heute wieder in der Dombibliothek gearbeitet; einiges an jüdischem Material zusammengetragen, auch kleine Ergänzung für die G. J. ... Zeitung: Rosenbergrede. Für die Nationalsozialisten sei die Judenfrage erst gelöst, wenn der letzte Jude Deutschland verlassen habe, und wenn die Nazis etwas zu sagen haben, auch Europa. Nu, vielleicht kommt alles anders.
Jetzt am Nachmittag tüchtig an dem Artikel Böhmen gearbeitet; er ist besonders schwer.

18. Februar 1941; Dienstag
Heute vormittag nicht im Archiv gewesen; zu Hause den sehr schwierigen Artikel Böhmen zum Abschluß gebracht.

19. Februar 1941; Mittwoch
Bank wo Wölfls Unbedenklichkeitsbescheinigung vorlag und ich lange zu tun hatte; vielleicht gelingt es noch einen Betrag freizubekommen. Alle waren erstaunt, daß es mir geglückt war für jemanden, der noch im feindlichen Ausland ist, eine Unbedenklichkeit zu erhalten. Bei Prof. Görlitz gewesen, der Bücher für mich zum Abholen bereitgelegt hatte; dabei ein wissenschaftliches Gespräch geführt: Frage des Judeneides und die Herkunft aus dem »Sachsenspiegel«. Ich sagte ihm, was alles noch nicht klar sei. G. hat für mich eine maschinenschriftliche Dissertation entliehen, die mir sonst nicht zugänglich gewesen wäre. Er ist immer ganz rührend; dann nach dem Friedhof Lohestraße gefahren; heute wäre Vater 98 Jahre gewesen; es war ziemlich lebensgefährlich, bis zu den Gräbern zu kommen, da ziemliches Glatteis herrschte; aber ich war doch ruhiger, daß ich einige Minuten am Grabe stehen konnte. Ich brachte auch die Grüße von all denen, die nun nicht mehr an diesem Tage kommen können. Ich bin der letzte von sechs Geschwistern, der noch draußen stehen kann. Was geht nicht alles in solchen Augenblicken durch den Kopf.
Nach dem Archiv gefahren. Am Domplatz ängstigt man sich, wenn ich ein paar Tage nicht da war, deshalb habe ich mich heute gezeigt und mich gleich bis Dienstag abgemeldet. Engelbert erzählte mir, daß ein Pfarrer, der aus der Bukowina, dem Buchenlande, heimgekehrt ist, sich zweimal in der Woche bei der Staatspolizei melden muß. E. ist immer rührend um mich besorgt. Meine Erinnerungen gefallen ihm sehr. Besonders berührte ihn der Kampf um das Deutschtum, den wir Juden geführt haben; er wußte übrigens nicht, daß Emil Ludwig auch Breslauer ist. Ich habe heute nicht sehr lange im Archiv gearbeitet; ich wollte mich bloß einmal zeigen. Selbst die Mater Huberta ist in Sorge um mich. Wenn ich am Freitag zur Staatspolizei gehe, werden mich alle in ihre Gebete einschließen.

20. Februar 1941; Donnerstag
Der große Artikel Böhmen mit mehreren Begleitbriefen (ist) pünktlich an die Lehranstalt abgegangen.

21. Februar 1941; Freitag
Das Ehepaar Schatzky, das mit der Sonderhachscharah nach Palästina ging, soll im Hafen von Haifa mit der »Patria« mit leider sehr vielen Juden bei einer Kesselexplosion zu Grunde gegangen sein.

Wahrhaftig tragisch. In Lissabon war jetzt auch so ein furchtbares Unwetter, und mancher Jude, der sich dort schon geborgen fühlte, mag auch daran haben glauben müssen. Man kann seinem Schicksal nicht entgehen.

22. Februar 1941; Sonnabend
Beate-Guttmann-Heim: Kaddisch für Tante Hannchen gesagt.

24. Februar 1941; Montag
Staatspolizei, wo wir aber weggeschickt und noch einmal für Donnerstag bestellt wurden, was wieder einen verlorenen Arbeitsvormittag bedeutet. Auf der Höfchenstraße für Susannchen ein Buch besorgt, auch bei Woolworth eine Kleinigkeit.

25. Februar 1941; Dienstag
Archiv, dort einiges Interessante zur Breslauer Judengeschichte exzerpiert. . . . Auf dem Rückweg noch zur Bank gegangen; es war noch eine größere Summe für meine Arbeiten eingekommen; dadurch habe ich auch den Monat Februar noch ins Gleichgewicht bringen können.

26. Februar 1941; Mittwoch
Gestern nachmittag einiges für den Artikel Prag gemacht, auch schon den allgemeinen Teil ausgearbeitet. . . . Heute vormittag Archiv, einige interessante Dinge zur neueren Geschichte der Juden in Breslau, 18. Jahrh(undert) exzerpiert.

27. Februar 1941; Donnerstag
Staatspolizei, wo aber nicht wegen der Auswanderung gefragt und auch nicht weiter gebrüllt wurde; der nächste Meldetermin ist erst am 21. Mai; bis dahin kann viel sein. Devisenstelle, wo ich wegen Wölfl vorgeladen wurde; ich hatte um Freigabe von 200 Mark nachgesucht, als Geschenk von Wölfl an Susanne. Zuerst sagte mir der Beamte, daß es nicht ginge, weil Wölfl sich im feindlichen Ausland aufhält, aber schließlich hat er es ausnahmsweise doch bewilligt, bat mich aber der Bank zu sagen, daß daraus kein Präzedenzfall würde. Ich habe mich über das Entgegenkommen sehr gefreut.

28. Februar 1941; Freitag
Gestern nachmittag noch ein ganz schönes Stück an dem schwierigen Artikel Prag geschrieben . . .
Bank. Leider war die Pension nicht eingetroffen, die sonst immer vor Monatsschluß da ist; so mußte ich erst ziemlich lange mit dem Vorsteher verhandeln, ehe ich den Betrag herausbekam, den ich monatlich entnehmen darf; denn ich will mir die Reserve, die ich mir im Rahmen des Gesetzes halte, auch nicht verkleinern. Aber alle diese Dinge sind ziemlich unangenehm, man fühlt sich dadurch stark entmündigt.

1. März 1941; Sonnabend
Bank, leider war meine Pension noch nicht da, bisher hat das die ganzen Jahre geklappt; dadurch bin ich etwas ins Debet gekommen, was mir unangenehm ist, aber es ist ja nicht meine Schuld; ich hoffe, daß es sich ausgleichen wird.

2. März 1941; Sonntag
Heute vormittag mit Frl. Cohn vor allem die Lewinsche Dissertation: Zur Geschichte des Judeneides in Schlesien, die ich habe abschreiben lassen, durchkorrigiert; dadurch habe ich eine wertvolle Bereicherung für meine Bibliothek gewonnen.
Heute spricht Herr Himmler in Breslau. »Der Chef der Himmlerschen Heerscharen«, wohl der gefährlichste Feind der Juden. Die Buchenlanddeutschen bekommen das Staatsbürgerrecht.

3. März 1941; Montag
Beim Barbier las ich die Nachricht von dem deutschen Einmarsch in Bulgarien; wieder ein Land, das dem Kriegsmoloch verfällt. In der Zeitung steht, daß die deutschen Truppen im Einverständnis mit den Bulgaren kommen, aber daran glaube ich nicht; man hat Bulgarien sicherlich gezwungen. Die Türkei hat bereits die Dardanellen gesperrt; in diesem Augenblick weiß man auch noch nicht, wie sich Rußland und USA zu der veränderten Lage stellen werden.
Ich war auf der Polizei, um mir bestätigen zu lassen, daß ich noch am Leben bin, wie ich das alljährlich tun muß. Das dauerte nur eine Sekunde; Archiv, dort wieder einmal Engelbert nach längerer Zeit gesprochen. Ich konnte auch einen für mich günstigen Büchertausch vornehmen; ich erhielt den »Dialogus miraculorum« des Caesarius von Heisterbach. E. erzählte mir, daß der katholische

Bischof der Niederlande eingesperrt worden sei, weil er den Beitritt zur nationalsozialistischen Partei verboten hat.

... Die frühere Kollegenfrau Lebek getroffen, eine Rassejüdin, deren Vater nach der Evakuierung im Pyrenäenlager gestorben ist. Apotheke, von dort noch mit der Stadthauptkasse wegen der Pension telefoniert, die bei der Bank noch nicht eingetroffen war; sie ist aber am 26. 2. gezahlt worden; dann noch mit der Bank telefoniert, wo ich besonders bei Herrn Lessmann immer großes Entgegenkommen finde.

... Heute, als wir bei Tisch saßen, kam eine Dame, um sich angeblich im Auftrag der Preisbehörde unsere Wohnung anzusehen; es war sogar eine ganz nette Dame, offenbar von auswärts hierher versetzt, der das sehr peinlich war; die Wohnung hat ihr auch nicht gefallen. Ich glaube auch nicht, daß sie von der Preisbehörde in unsere Wohnung geschickt worden ist; es hat sich wohl um die Schiftansche Wohnung gehandelt und Hausgenossen haben sie wohl dann auf unsere Wohnung aufmerksam gemacht.

4. März 1941; Dienstag
Heute ist Susannchens Geburtstag, und ich bin G'tt dankbar, daß ich dieses Kind habe, die für uns alle ein Sonnenstrahl ist und uns immer Freude gemacht hat. Wenn ich die beiden jungen Kinder nicht hätte, wer weiß, wie ich über die letzte für mich so kritische Zeit hinübergekommen wäre. Wir wollen ihr auch den Tag möglichst schön gestalten.

5. März 1941; Mittwoch
Gestern vormittag Archiv, dort ziemlich lange geblieben, weil ich mit Engelbert die Korrekturen seiner Arbeit über die Geschichte der Michaeliskirche durchsprach. Er ist mir für jeden Hinweis dankbar, und ich habe ihn auch auf verschiedenes Wichtige hinweisen können. Gestern war Konsistoriumssitzung; er erzählte, daß im Warthegau der Beruf des Geistlichen nicht mehr als Hauptberuf, nur als Nebenberuf anerkannt würde. Man hat den Geistlichen bedeutet, sie sollen sich nach einem anderen Hauptberuf umsehen, auch ganz charakteristisch für die Zeitverhältnisse.

... Susannchen war gestern früh mit ihrem Geburtstagstisch sehr glücklich; sie ist sehr hübsch beschenkt worden; am Nachmittag waren auch noch eine Menge Kinder da; es war eine richtige Kindergesellschaft, wie wir sie immer allen Kindern bereitet haben, und wir waren froh, daß wir das für das Kind geschafft haben. Als

Hauptfreude kam mit der Abendpost ein Brief aus der Schweiz mit einem sehr treuen eigenhändigen Brief von Wölfl, aus dem eine ungeheure Bangigkeit spricht; er deutet in ihm auch an, daß er teilweise wieder auf seinem alten Gebiet weiterarbeiten kann, worüber ich besonders glücklich bin.

. . . Am Nachmittag war ich noch etwas spazieren; ein Stück bin ich mit dem Polizeiinspektor Heinrich gegangen, der mit erzählte, daß der Polizeirat Groba im Sterben liegt. G. hatte mich seinerzeit sehr gefördert, als ich im Polizeipräsidium die Judenakten abschrieb. . . . Mit Heinrich auch über die Lage gesprochen.

. . . Heute nachmittag werde ich das drittemal vertrauensärztlich untersucht, auch das kann mich nicht mehr erschüttern; wie es kommt, muß es gefressen werden.

6. März 1941; Donnerstag

Gestern vormittag einiges an dem Artikel Prag gearbeitet, in der Mittagsstunde zur Bank gegangen; die Verwaltung der Geldsachen ist jetzt eine recht umständliche Angelegenheit; am Nachmittag zu der vertrauensärztlichen Untersuchung gewesen; ich mußte dreiviertel Stunden stehen, ehe ich dran kam. . . . Das Resultat der Untersuchung erfährt man ja nicht. Ich hatte nicht den Eindruck, daß ich arbeitsfähig geschrieben worden bin. Heute früh im Diözesanarchiv gearbeitet; der Direktor hat im Magazin einige Funde gemacht: Alte Wiegendrucke, die noch nicht richtig katalogisiert waren. In einem fand ich das Fragment einer hebräischen Handschrift, wie ja überhaupt bei diesen Drucken oft die Blätter, die der Buchbinder zum Binden nimmt, hebräische Handschriften sind. Ich soll mich dann auch an dem Entziffern beteiligen. . . . Ein Pfarrer, den ich auch schon längere Zeit kenne, fragte mich, ob ich genug zum Essen habe. Man ist überhaupt dort sehr an mir interessiert und ich habe viel Anregung. Als ich nach Hause kam, erschien Herr Foerder; er hat am 1. April seinen 70. Geburtstag, ich soll ein paar Zeilen im Nachrichtenblatt schreiben. Für ihn tue ich es auch sehr gern. . . . Dr. Erich Breslauer ist gestorben, etwas was mir sehr leid tut; ein aufopfernder Arzt, wie es nur wenige gegeben hat, ein guter Mensch und Jude. Seitdem er in Buchenwald war, ist er nicht mehr gesund gewesen. Eine reine Seele, die vor ihren Schöpfer tritt.

8. März 1941; Sonnabend
In der Zeitung war heute ein großer Aufsatz über den Arbeitseinsatz der Juden, bemerkenswert, aus dem hervorgeht, daß man die Deportationsabsichten anscheinend im Augenblick aufgegeben hat, weil man die Arbeitskräfte braucht. Natürlich werden die geringsten Arbeiten als besonders für Juden geeignet angesehen.
Am Nachmittag bei Grotte gewesen . . . einige Probleme wegen meiner Arbeit über Prag durchgesprochen, und in den Fragen über die Altneuschul etwas Sicht gewonnen. Man staunt, wie wenig faßbar die Dinge sind, obwohl doch über Prag gerade sehr viel gearbeitet worden ist.
Grotte will zu seinem Sohne nach Bolivien gehen, der dort auch Architekt ist und dem es anscheinend ganz gut geht. Im Beate-Guttmann-Heim beim G'ttesdienst gewesen. Heute ist Sabbat Sachor! »Und denke daran, was Amalek dir angetan, vergiß es nicht«, ein Wort, das uns durch die ganze jüdische Geschichte begleitet hat. Mit Eugen Perle nach Hause gegangen; die Zahl der Angestellten der Gemeinde muß um 30 Prozent vermindert werden, in Berlin um 50 Prozent. Die Reichsvereinigung hat in Berlin 2700 Angestellte!! Auch eine gräßliche Aufblähung des Apparates.

9. März 1941; Sonntag
Gestern vormittag ein tüchtiges Stück an dem schwierigen Artikel Prag geschrieben; ich hoffe, daß ich ihn im Laufe des Monats März werde fertigstellen können. . . . Abends haben wir alle gebadet. Man ist immer glücklich, wenn man sich das leisten kann. Im Winter mußte man damit sehr sparen.

10. März 1941; Montag
Ich bin mit Susannchen erst mit der Straßenbahn 24 bis nach der Wichelhausallee gefahren und dann mit dem sehr überfüllten Omnibus nach Sacrau; . . . Es war sehr schön, durch den Wald zu wandern, wenn auch der Boden noch stellenweise naß und mit Schnee bedeckt war. . . . Wir brachten Tannenzapfen und Tannenzweige mit nach Hause . . . Ein großes Stück an dem Artikel Prag geschrieben. Es geht gut vorwärts.

11. März 1941; Dienstag
Gestern vormittag Bank. Die Verwaltung der Geldangelegenheiten macht jetzt sehr viel Laufereien notwendig. Archiv: Engelbert war verreist; aber ich hatte neben meinen Exzerpten für jüdische

Zwecke eine sehr interessante Arbeit. Bestimmen einiger Inkunabeln; auf diesem Gebiete habe ich noch niemals gearbeitet; aber ich fand mich rasch hinein; es macht immer Freude, etwas Neues zuzulernen.
... Zeitung: Nicht besonders. Das Jahr 1941 wird noch keine großen Entscheidungen bringen, erst wenn die amerikanische Englandhilfe 1942 richtig anlaufen wird, wird sie fallen; ich glaube nicht, daß Deutschland noch den Landungsversuch in England wagen wird.

12. März 1941; Mittwoch
Heute früh Archiv; dort weiter an den Inkunabeln gearbeitet; Engelbert hat mich ausdrücklich gebeten, das zu machen, der Rat Riedel ist dem nicht gewachsen. Ich sprach mit ihm in seinem Amtszimmer darüber, daß ich niemanden verdrängen will.
... Auch Korrekturen von seinen bemerkenswerten Arbeiten über Befestigungen auf der Dominsel im 16. Jahrhundert gelesen. Ich komme jetzt dort zu meinen eigenen Sachen nicht sehr viel; das ist aber auch kein Unglück. Die Vormittagsarbeit bringt mich doch in den engsten Kontakt mit der Wissenschaft. Am Nachmittag am Artikel Prag gearbeitet ... Die Abendpost brachte einen sehr lieben Brief von Wölfl vom 16. 2. so voll Treue, daß ich ganz gerührt war. Er schreibt auch zum ersten Male über seine materielle Lage, er gibt gar kein Geld aus, hat viel Freizeit und kann jetzt auch wissenschaftlich arbeiten. Er hat viele Freunde, die ihn stützen; jedenfalls waren wir alle über den Brief außerordentlich glücklich. Wenigstens ein Kind, von dem man regelmäßig hört ... Heute früh hörte ich auch, wie stark in Deutschland augenblicklich der Kampf gegen die katholische Kirche tobt. Klösterbeschlagnahmungen, in Hildesheim ist eine Buchhandlung restlos beschlagnahmt worden. Dem nach Krakau ausgewiesenen Bischof von Kattowitz hat man an der Grenze des Generalgouvernements das ganze Geld abgenommen usw.

13. März 1941; Donnerstag
Gestern vormittag habe ich den sehr schwierigen Artikel Prag im wesentlichen fertigstellen können. ... Am Nachmittag zur Vorlesung der Megillah ins Beate-Guttmann-Heim gegangen. Es durchströmt einen doch immer ein Kraftgefühl, wenn man hört, wie es unseren Feinden doch am Schluß gegangen ist und – auch immer wieder gehen wird.

. . . Abends haben wir wenigstens zur Feier des Tages ein Glas Wein getrunken.
. . . Heute früh Archiv; es war heute besonders interessant; wir haben von Schweidnitzer Handschriften die hebräischen Einbände abgeweicht. Direktor Engelbert hatte sich bei der Staatsbibliothek erkundigt, und dort hatte man ihm dieses Verfahren angeraten; es ist auch sehr gut gegangen; es ist doch ein eigenartiges Gefühl, wenn das Auge auf Pergamenten der Väter ruht, die schon seit vielen Jahrhunderten niemand betrachtet hat. Wenn das fertig ist, werden sie fotokopiert und dann schicke ich sie noch an die Lehranstalt nach Berlin.
Material für einen Artikel Zittau für die G. J. gesammelt.
. . . Ein Päckchen, das wir an arme Juden nach Litzmannstadt geschickt hatten, ist wieder zurückgekommen; es werden dort nur Briefe bis 20 Gramm bestellt. Man läßt die Leute aushungern. Von anderer Seite hörten wir noch, daß man den Juden dort nur 80 Gramm Brot täglich gibt. Grausam. Aber es wird sich alles bitter rächen.
Von Haupt und Hoffmann noch einen Gutschein über drei Zentner Kohle und ein Bündel Holz geholt; so sind wir ganz gut ausgekommen. Hier ist ja noch alles geregelt!

14. März 1941; Freitag
. . . Heute bringt die Schlesische Tageszeitung das Bild dreier amerikanischer Juden, die für das Englandhilfegesetz verantwortlich gemacht werden.

15. März 1941; Sonnabend
. . . Der Artikel Prag ist schon ganz schön weit gediehen.
. . . (Gestern) nachmittag einen Artikel Zittau geschrieben . . .
Zum Beten gegangen . . . Zeitung: Augenblicklich ist alles darauf abgestellt, das Englandhilfegesetz den Juden in die Schuhe zu schieben.

16. März 1941; Sonntag
Gestern nachmittag war ich mit Susanne spazieren; das Kind geht, wenn man mit ihr allein ist, mehr aus sich heraus. Sie sagt, daß sie abends oft weint, wenn sie an die Geschwister denkt und daß sie sich immer Zukunftspläne macht, die mit Palästina zusammenhängen. . . . Von 6 bis 7 habe ich Frl. Witt noch Stunde gegeben; wir sprachen über Friedrich den Großen . . .

Heute ist Heldengedenktag, die Hakenkreuzflaggen wehen seit langer Zeit wieder einmal. Wer gedenkt der jüdischen Toten des Weltkrieges noch?
Ich habe mit Susannchen eine schöne Wanderung gemacht; wir fuhren mit der Straßenbahn nach der Helmutstraße, dann mit dem Omnibus nach Herzogshufen, das früher Oltaschin hieß, wo ich früher so oft gewesen war und 1912 im Manöver auch gelegen habe . . . Von Oltaschin liefen wir in südöstlicher Richtung, bogen dann um und kamen nach Wessig; . . . In Wessig hat einstmals die Familie Schottlaender gewohnt; von allem ihrem Grundbesitz ist nur das Erbbegräbnis auf der Lohestraße geblieben. In Oltaschin war gerade die Heldenehrung zu Ende, als wir zurückkamen. Aber der größere Teil der Bevölkerung war in der Kirche, wir sahen ihn herauskommen. Mit denselben Verkehrsmitteln dann wieder zurückgefahren. . . . Nachmittag Korrekturen gelesen: Artikel Prag, der jetzt in der Hauptsache fertig ist . . .

17. März 1941; Montag
Heute vormittag im Diözesanarchiv gearbeitet; teils für jüdische Geschichte einiges exzerpiert, teils mit den hebräischen Handschriften beschäftigt. Die Pergamente werden durch die Wäsche ganz wunderbar; es sind nun auch die Rückseiten sichtbar, die seit vielen Hunderten von Jahren keines Menschen Auge erblickt hat. Auf einem stand das Olenugebet verzeichnet. Es befällt einen ein ehrfürchtiges Staunen vor der Zähigkeit und der Treue unseres Volkes. Was sind wir schwache Nachfahren dieser Menschen, und wie sehr haben sie sich in ganz anderen Situationen bewährt . . .

18. März 1941; Dienstag
Gestern einiges Material für den Artikel Eger zusammengestellt, den ich erweitert noch einmal einreichen will . . .
Heute vormittag im Archiv gearbeitet, teils beim Waschen der hebräischen Handschriften geholfen, teils sie auch entziffert. Die Rückseiten, die bisher nicht lesbar waren, treten klar hervor. Auf einer war die Schemone Esre des Neujahrstages sichtbar; man konnte auch an den fehlenden Stellen feststellen, wieviel vom Rande abgeschnitten war.
Sonst böhmische Judenordnungen des 17. Jahrhunderts exzerpiert; es ist erstaunlich zu sehen, wie sehr es sich immer wieder um die Pfandleihe dreht, die Jahrhunderte hindurch trotz aller bitteren

Erfahrungen eisern festgehalten wurde. Immer Geld angesammelt und immer wieder verloren.
Zeitung: Die Rede von Roosevelt war gestern in den »Neuesten Nachrichten« erschienen, die jetzt abends herauskommt, außerdem las ich sie heute in der »Schlesischen Volkszeitung«. Sie ist natürlich nicht vollständig abgedruckt; die deutschen Zeitungen machen daraus eine große Judenhetze gegen Frankfurter, den Verfasser des Englandhilfegesetzes. Inwieweit sie dem ds. Leser damit Sand in die Augen streuen, kann man schwer ermessen . . .

19. März 1941; Mittwoch
Gestern nachmittag den Artikel Eger noch einmal umgearbeitet; so eine Flickarbeit ist unangenehmer als das Abfassen einer neuen Arbeit . . .
Heute Archiv; ich war heute im Zweifel, ob ich hinfahren sollte, aber mein Instinkt sagte mir dann doch, daß es richtig wäre. Etwas an den hebräischen Handschriften gearbeitet, etwas exzerpiert, auch Engelbert kurz gesprochen, dann aber freute ich mich besonders, daß ich da war, denn Prof. Görlitz kam hin, um nach einem Regest wegen seiner Magdeburger Schöffensprüche zu suchen, das er aber nicht fand. Wir unterhielten uns dann noch eine ganze Zeit. Er berichtete von seiner Reise nach Magdeburg, er erzählte mir, daß er vorgeschlagen hatte, die Schöffensprüche für Rechtsangelegenheiten der Juden besonders zusammenzustellen; ich bot ihm meine Mitarbeit an, was er auch gern annahm, weil doch da jemand helfen muß, der über jüdisches Brauchtum Bescheid weiß. Es sollen Bände nach Orten und nach Sachgebieten zusammengestellt werden. Ich verstehe mich mit Görlitz sehr gut, und wir vereinbarten auch für den ersten Aprilsonntag eine Besichtigung des Friedhofes Claassenstraße. Als ich nach Hause kam, war ein Beamter der Gestapo da wegen der Wohnung. Es wird offenbar der gesamte j. Wohnraum aufgeschrieben, offenbar eine vorsorgliche Maßnahme, wenn vom Westen noch weitere Luftangriffe kommen. Ich sagte mein Sprüchl von Dr. Arlt und zeigte ihm auch die Briefe des Oberbürgermeisters, die Baurat Stein unterzeichnet hatte. Es hat ihm anscheinend doch imponiert, wie auch die Bibliothek. Ich glaube, daß im Augenblick keine Gefahr für die Wohnung besteht. Der Beamte war übrigens sehr korrekt! Man muß das, wie alles andere abwarten. Nur Susannchen hatte sich etwas aufgeregt, aber ich habe sie bald beruhigt.

21. März 1941; Freitag
Gestern vormittag wieder auf dem Archiv gearbeitet; es fehlt mir immer etwas, wenn ich nicht hingehe. Wir haben noch eine hebräische Handschrift abgelöst und darunter noch eine andere Handschrift gefunden, die ich nicht mehr entziffern konnte, weil sie um 12 Uhr noch nicht trocken war; ich bin nun neugierig, was sich da am Montag herausstellen wird. Gestern war große Revision des Betriebes durch den Luftschutz. Mater Innocentia, mit der ich sehr gut stehe, sagte mir, Mater Huberta habe geäußert, ich gefährde durch meine Anwesenheit das Archiv und sie verstände den Direktor nicht, daß er mir das Arbeiten gestatte; ich will mir noch bis Montag überlegen, ob ich mit Engelbert darüber rede oder ob es klüger ist, so eine zugetragene Sache einfach zu überhören. Huberta ist mir ins Gesicht übrigens sehr freundlich und nimmt gern meine Hilfe in Anspruch. Das sind oft die schlimmsten . . .

23. März 1941; Sonntag
Gestern vormittag zwei kleinere Artikel geschrieben, die noch für den Abschnitt »Niederlande« fehlten; später mit Trudi zusammen Tamara von Kindergarten abgeholt; ich was das erstemal da; man hat den Eindruck, daß kaum noch ein Kind aus sogenanntem besseren Hause ist; die Helferinnen haben mir auch wenig menschlich gefallen, aber man muß froh sein, daß wir überhaupt noch solch eine Einrichtung haben . . .

25. März 1941; Dienstag
Gestern vormittag fleißig im Archiv gearbeitet; einige j. Sachen exzerpiert, dann für den Direktor gearbeitet. Ein interessanter Kalender des Altaristen Johannes Lange aus Bolkenhain war zu entziffern; ich habe auch rasch herausbekommen, worum es sich handelt. Ich bin immer sehr froh, wenn ich meine Kenntnisse zur Verfügung stellen kann. Die Dombibliothek ist ja auch für mich eine Stätte der Anregung. Am Nachmittag habe ich mich mit dem Deutschen Archiv für Geschichte des Mittelalters befaßt und mir eine Menge bibliographischer Notizen gemacht . . .

27. März 1941; Donnerstag
Die letzten beiden Vormittage fleißig im Archiv gearbeitet; vorgestern nachmittag war der Schneider Deckro (da); ich lasse mir noch einen Anzug von Franz für mich umarbeiten; allmählich trägt man ja seine Sachen auf. Dann bei Frau Dr. Aschheim gewesen, um

noch einiges wegen der Übersetzung aus dem tschechischen durchzusprechen . . .

28. März 1941; Freitag
Gestern vormittag erst bei Frl. Levy im Palästinaamt gewesen. Dieses Amt wird jetzt stark verkleinert, und es ist noch nicht einmal sicher, ob Frl. L. ihre bezahlte Stellung behalten wird. Sie hat sich ja auch ihr ganzes Leben für die Bewegung aufgeopfert, ohne die Alijah erreichen zu können. Herr Foerder hatte mich darauf aufmerksam gemacht, daß sie viele Bücher einstampfen lassen wollte und da habe ich noch eine Menge retten können, die ich mir herschicken lasse. Solange ich die Wohnung habe, sammle ich noch weiter Bücher; einiges kann ich ja auch in der Dombibliothek eintauschen. Einen dicken Wälzer nahm ich gleich mit. Die guten Menschen schaffen wenig für sich selbst. Dann noch in der Dombibliothek gearbeitet, Material für den Artikel Bautzen gesammelt, den ich am Nachmittag geschrieben habe. Etwas mit dem Direktor über die Lage gesprochen . . .

29. März 1941; Sonnabend
Gestern nachmittag Thoraabschnitt gelernt; dann zu Grotte. Ich brachte Grotte meine Arbeit über Prag mit der Bitte um Durchsicht; G. begleitete uns dann ins Beate-Guttmann-Heim zum G'ttesdienst . . .
Die höhere j. Schule hier soll ganz abgebaut werden und nur die besonders Begabten kommen nach Berlin. Dadurch kommt eine große Anzahl von Lehrern ums Brot. Aber die Anpassung an die kleiner gewordenen Verhältnisse läßt sich offenbar nicht vermeiden.
Politik: Große judenhetzerische Rede bei der Schlußtagung des Instituts für Judentumskunde; es soll ein Judenreservat unter bewährter Polizeiaufsicht errichtet werden, wohin nach und nach die Juden Europas kommen sollen; aber erst einmal muß der Krieg gewonnen werden . . .

30. März 1941; Sonntag
Gestern vormittag etwas an zwei kleinen Artikeln für den Abschnitt Brandenburg der G. J. gearbeitet . . . Die Lehrer der jüdischen Schulen sind wegen der bevorstehenden Abbaumaßnahmen natürlich in ziemlicher Aufregung; hoffentlich wird der Abbau von seiten der j. Stellen wenigstens gerecht durchgeführt . . .

Ich hatte gestern vormittag auch einen bösen Eindruck. Als ich aus der Bücherstube kam, fuhr Viktoriastraße/Ecke Höfchenstraße ein Wagen des gerichtsärztlichen Instituts vor, der früheren Anatomie, und wenige Augenblicke später wurde jemand auf der Bahre heruntergetragen. Ich hatte den Eindruck, daß es ein jüdischer Selbstmord (war); denn ich sah dann, wie eine Frau, gestützt von zwei anderen in ein Nachbarhaus geführt wurde. Es tut mir immer bitter weh, wenn ein Rassengenosse die Nerven verliert und freiwillig von der Bühne abtritt. Noch schlimmer dran ist so eine arme Witwe!
. . . Heute früh nach dem Friedhof gegangen . . . Die Menzelschule ist jetzt Lazarett. Die Soldaten werfen allen möglichen Unrat auf den Friedhof herunter, so mußte ich ein Stück Kamm und Apfelsinenschalen aus dem Erbbegräbnis entfernen. Achtung vor den Toten!

31. März 1941; Montag
. . . Im Archiv einiges für mich exzerpiert, dann vom Direktor eine ganz interessante Aufgabe erhalten. Es war eine große Sendung von Akten aus Sagan gekommen, die ich mit dem eingelieferten Register vergleichen soll; es ist zwar mühsam, aber man lernt eine ganze Menge dabei. . . . Politik: In den deutschen Zeitungen ist alles auf die Vergewaltigung der Volksdeutschen in Jugoslawien abgestellt; es ist dieselbe Tonart wie damals in Polen, und danach müßte man mit dem Einmarsch besonders in Kroatien rechnen. Es sollen sich angeblich auch die Kroaten beim Flaggen für König Peter II. nicht beteiligt haben. Mein Barbier, der mir immer maßgebend ist für die Stimme des Volkes, sagte: »Wie lange wird sich der Führer das ansehen.« In den Köpfen einiger Deutscher hat sich die Vorstellung gebildet, der Führer kann alles. Es wird da einmal ein böses Erwachen geben . . .
Bücher dürfen jetzt nur mit besonderer Erlaubnis von Goebbels gedruckt werden; auf diese Weise wird alles geistige Leben getötet, auch die katholische Literatur, die sich ein wissenschaftliches Eigenleben erhalten hatte, wird vernichtet werden.

1. April 1941; Dienstag
Ein Vierteljahr des neuen Jahres ist um und das nächste Jahr verspricht für die gequälte Menschheit noch böser zu werden. Aber für Deutschland hat sich die Lage doch sehr verschlechtert . . .
Bank: dort die Freude gehabt, daß von der Lehranstalt 100 Mark

eingegangen waren. Ich hänge ja nicht sehr am Gelde, aber man braucht es schließlich doch zum Leben. Und ich muß ja überhaupt noch besonders dankbar sein, daß ich verdienen darf. Auf der Bank aber auch einen sehr traurigen Eindruck gehabt. Ich sah gerade, wie ein älterer Jude eine Rechnung der Irrenanstalt Chelm bei Lublin bezahlte. Das ist die Anstalt, von der erzählt wird, daß man dort alle jüdischen Geisteskranken umbringt. Ich fragte ihn voll Mitgefühl, ob er für jemanden bezahlt, der hoffentlich noch am Leben ist; worauf der sagte, seine Frau lebe jedenfalls nicht mehr. Ich fragte ihn, wo sie vorher gewesen sei: »In Branitz« und ob sie ganz wahnsinnig gewesen sei, worauf er sagte, sie habe eine Manie gehabt hat. Es ist grausig, wie man mit den kranken Menschen verfährt. Auch ein früherer Schüler von mir, Mamlok aus Militsch, ist dort an »Kreislaufschwäche« gestorben; man schickt dann einfach Todesanzeigen mit solchen Diagnosen . . . Archiv: die sehr interessanten Akten aus Sagan weiter geordnet . . . Der Pfarrer aus Tarnowitz war wieder da. In den KZ sollen in jeder Nacht drei Menschen sterben; am nächsten Morgen müssen dann beim Appell die Decken der Toten zur Stelle sein. In Oberschlesien sind die Polen auf halbe Lebensmittelrationen gesetzt worden. Aus der Zeitung bemerkenswert: Die Italiener geben die schweren Verluste in der Seeschlacht im Mittelmeer zu. Sie haben u. a. drei Kreuzer verloren. In Jugoslawien ist eine sehr scharfe antideutsche Bewegung ausgebrochen. Ich glaube, daß Italien nicht mehr lange mitmachen wird. Aber alle Rückschläge werden uns deutsche Juden treffen . . . Zur Gemeinde, um die Lebensmittelkarten abzuholen, die Frl. Silberstein für uns besorgt hat . . .

2. April 1941; Mittwoch
Heute vormittag wieder auf dem Archiv gearbeitet; die Durchsicht der Saganer Akten beendet; es sind da außerordentlich interessante Bestände, und man müßte Zeit haben, sich in jedes Aktenstück zu versenken; etwas auch für mich exzerpiert. Die Zeitung ist voll von den Mißhandlungen von Volksdeutschen in Jugoslawien; es wird das zu einer großen Judenhetze ausgenützt. Der Barbier sagte mir das schon heute früh, daß die Stimmung sich gegen uns wieder sehr verschlechtert hat. Wer weiß, was die Deutschen gegen uns da wieder aushecken werden; man muß es eben abwarten . . .

4. April 1941; Freitag
. . . Mitten während ich im Diktieren war, kam Frau Meier Schreiber weinend an, der Mann ist abgebaut worden. Er war in der Kleiderkammer beschäftigt. Ich habe ihr versprochen, an Eugen Perle zu schreiben und habe das auch getan.
Am Nachmittag habe ich mit Tamara einen kleinen Ausflug gemacht. Wir sind nach Gräbschen gefahren, dann nach Opperau gelaufen und mit Omnibus und Straßenbahn zurück. Das erstemal mit einem Omnibus gefahren, dessen Scheiben aus Verdunkelungsgründen blau angestrichen waren . . .

5. April 1941; Sonnabend
. . . Heute vormittag traf ich den Polizeiinspektor Heinrich, mit dem ich mich auch über die Lage unterhielt. Er beurteilte sie für Deutschland günstiger . . .

6. April 1941; Sonntag
Gestern abend habe ich noch Frl. Witt eine Stunde gegeben; es ist ja die einzige Gelegenheit, wo ich noch geistig jemandem etwas sein kann. Ich freue mich immer, wenn ich vor ihr größere Zusammenhänge entwickeln kann . . .

7. April 1941; Montag
Gestern abend noch von Edith gehört, daß deutsche Truppen in Jugoslawien eingerückt sind und daß dies Land daraufhin den Krieg an Deutschland erklärt hat. Also ein neues Land ist in das Verderben hineingerissen worden; der Krieg zieht immer weitere Kreise. Für uns geht damit wieder eine Verbindungsmöglichkeit mit den palästinensischen Kindern verloren . . .
Im Krankenhaus traf ich Isidor Lichtenberg, der gerade zur Überführung einer Frau Durra (ging); es sind heute vier Überführungen; die Überalterung in der Gemeinde ist eine außerordentlich große. In Berlin ist ein Herr Stein gestorben, der Sohn von Stein und Koslowsky, ein langjähriger Hörer von mir in der jüdischen Volkshochschule, ein noch junger Mann. Die Hauptsache ist heute die Zeitung. Deutsche Truppen haben die griechische und jugoslawische Grenze überschritten, und der Krieg frißt also zwei weitere Länder . . .
Die Stimmung unter den arischen Volksgenossen scheint mir keine gute zu sein. Man zittert um das, was die nächsten Wochen bringen werden. Von Begeisterung ist nichts mehr zu merken.

8. April 1941; Dienstag
Gestern nachmittag hatte ich mir wieder einmal meine Pfandrechtsarbeit vorgenommen und beschlossen, noch ein Stück abschreiben zu lassen, damit diese Arbeit, die ja viele Jahre Mühe gekostet hat, wenn sie auch jetzt nicht gedruckt werden kann, doch in mehreren Exemplaren vorliegt . . .

9. April 1941; Mittwoch
Gestern vormittag einen weiteren Teil meiner Pfandrechtsarbeit zum Abschreiben fertiggemacht . . . Bei Käthe Reiter, die eine Wohnung auflöst; sie hatte mir Briefmarken herausgesucht; ich habe auch einige Bücher mitgenommen, die vielleicht für die Dombibliothek Bedeutung haben. Sonst sprachen wir noch über alte Zeiten. Mit Entsetzen hörte ich, daß ihre Tochter, die einen italienischen Fliegeroffizier geheiratet hat, sich hat taufen lassen und daß ihr Sohn Fritz mit Hilfe des »Raphaelbundes« nach den Vereinigten Staaten auswandern will. Der Junge war mir nie sympathisch, er ist ein Geschäftemacher, der nur auf seinen Vorteil bedacht ist. Es gibt eben Leute, die nichts aus den Ereignissen lernen . . .

10. April 1941; Donnerstag
Gestern vormittag die Durchsicht des Teiles meiner Arbeit, die das jüdische Recht in bezug auf Zins und Pfand behandelt, beendet. Ich halte diese Arbeit wissenschaftlich nicht für unwichtig. Dann zur Bank und zur Bezugscheinstelle, um eine Zusatzseifenkarte für Tamara zu holen. Auf dem Hinweg Hugo Mamlok und Hanna Jaffe gesprochen. Ich freue mich immer, wenn ich älteren Juden ein wenig Mut machen kann; in der Verkaufsstelle des Kulturbundes gewesen, vor allem, um den Leiter Herrn Tischler zu fragen, ob er Nachricht von seinem Sohne hat, der mit Ruth zusammen seine Alijah angetreten hat. Tatsächlich war eine Nachricht über Schweden da, aus der hervorgeht, daß die jungen Leute in Mishmar Haemek sind; sie hatten die ersten Tage etwas Fieber, wie das ja als Akklimatisationserscheinung üblich ist. Ich war sehr glücklich über das Lebenszeichen . . . Große Nachrichten in der Politik. Saloniki ist von den Deutschen genommen worden, eine gewaltige Leistung in wenigen Tagen . . . Die Deutschen handeln und die andern reden. Eine Entscheidung sehe ich nicht. Aber die Rückwirkung auf die Weltstimmung wird nicht unbedeutend sein, zumal auch auf den Vorderen Orient. Deutsche Soldaten stehen nun schon am

Ägäischen Meer. In Saloniki sind nun auch viele Juden in das Kriegsgeschehen mit hineingezogen worden ...
Im besetzten Frankreich müssen nun alle jüdischen Geschäfte verkauft werden. Wie oft hat man versucht, für die Berufsumstellung zu wirken, aber wie wenige haben gehört. So werden sie wieder ihr Päckchen packen und weiterziehen! Ahasver. Ich fürchte, daß unser Volk noch durch viele Schickungen hindurchgehen muß, und viele werden es niemals lernen, rechtzeitig zu planen.

11. April 1941; Karfreitag
Rüsttag zum Pessachfest. Gestern gebadet. Das kann man sich leider jetzt auch selten leisten, um Heizungsmaterialien zu sparen ...
Heute vor vier Jahren nach der jüdischen Zeitrechnung haben wir den Boden Palästinas betreten und waren glücklich über das Wiedersehen mit Ernst. Vor drei Jahren war ich mit Wölfl in St. Gallen zusammen. Aber die Erinnerung an solch einen Rüsttag zum Pessachfest geht über Jahrzehnte zurück. Etwas Mazze haben wir bekommen, aber durch Transportschwierigkeiten nicht alles, was uns eigentlich zusteht; so kann man die Woche nicht so halten, wie es richtig wäre.

12. April 1941; Sonnabend
Gestern Seder. Wir hatten zwei Nachtgäste, unsere Edith und Hedwig Bermann; die erstere erlebte den Seder das erstemal, und Hedwig Bermann hängt ja sehr an der Überlieferung und ist glücklich, wenn sie im Kreise der Familie sein kann. Susannchen hat ihre Sache sehr gut gemacht, und man staunt, wie hell sie mit ihren neun Jahren ist. Ich war auch gut in Stimmung und hoffe alles ordentlich erklärt zu haben. Unsere Gedanken waren viel bei unseren Lieben draußen. Alle, die wir an diesem Tisch saßen, hatten nächste Angehörige in Palästina. Wir hatten uns niemals träumen lassen, daß wir so weit von ihnen auseinandergerissen wären. Aber unsere Gedanken werden sich über alle Entfernungen hinweg getroffen haben. Wenn man den Seder ganz allein abhält und auch das Tischgebet sagt, strengt das ziemlich an; aber ich weiß, daß das für Susannchen eine Erinnerung fürs ganze Leben ist und auch Edith hat es sehr gut gefallen ... Trudi hat sich mit der Vorbereitung des Seder große Mühe gegeben; so etwas macht ja für eine Hausfrau sehr viel Arbeit, aber es hat ihr auch Freude gemacht, daß alles so klappte.

Heute vormittag war ich zum Beten im Beate-Guttmann-Heim. Nachher bin ich mit Herrn Eugen Perle noch spazierengegangen . . . Less soll noch im Laufe dieses Monats auswandern. Vielleicht wird Emil Kaim Erster Vorsitzender der Gemeinde, was ich begrüßen würde; er ist ein Mann voll von Energien, der sicher nicht bei jeder Gelegenheit umfällt . . .

13. April 1941; Sonntag
Auch der gestrige Sederabend ist schön verlaufen, wir waren allein, und ich habe etwas schneller gemacht, Susannchen ist auch bald nach dem Abendbrot ins Bett gegangen. Trudi und ich waren uns darüber einig, daß wir alle Veranlassung haben, dankbar zu sein, daß noch alles so ist und daß wir die Feiertage so begehen können . . . Heute früh zum G'ttesdienst im Beate-Guttmann-Heim . . . Als wir nach Hause kamen, kam dann Frl. Dr. Ölsner, die mir berichtete, daß alle Kurse für Menschen über 14 Jahre aufhören müssen. Auch die Hachscharot sind gefährdet, so sei auch Schniebinchen aufgelöst worden. Anscheinend will man immer mehr Menschen für ungelernte Arbeit frei machen. Sie war erstaunt, wieso ich all das nicht wußte; ich sagte ihr, warum ich mich so zurückgezogen habe und wie oft ich zurückgewiesen worden bin . . .

16. April 1941; Mittwoch
Gestern vormittag wieder einiges für die G. J. gearbeitet . . .
Heute wieder einmal im Diözesanarchiv gearbeitet . . . Es wird dort jetzt ein Luftschutzkeller für 250 Personen ausgebaut mit Betten übereinander.
Zeitung: Der jugoslawische Staat ist in voller Auflösung. Die Engländer versuchen aus Griechenland zu türmen, aber am Olymp scheint es zu einer großen Schlacht zu kommen. Die Engländer hätten sie gewiß gern vermieden! Tobruk ist auch von Italienern und Deutschen eingeschlossen. Die Entwicklung der Lage bedeutet leider auch eine Gefährdung für unser geliebtes Erez Israel.

17. April 1941; Donnerstag
Heute zu Oberbaurat Stein, der mir wegen des hebräischen Grabsteines geschrieben hatte, der im Rathaus ausgemauert worden ist; ich habe ihn dann in seinem Amtszimmer am alten Elisabethan besichtigt; es ist ja nur ein Bruchteil von ihm erhalten und daher nur wenig lesbar. Immerhin konnte ich ihm den Duktus der hebräi-

schen Schrift und die ganze Anlage des Grabsteins erklären. Ich bekam dann von ihm noch eine Bescheinigung für den Fotografen, damit ich zwei Abzüge erhalten kann. Vielleicht bekommt man dann beim Studium noch mehr heraus. Jedenfalls werde ich dort immer sehr nett aufgenommen und habe das Gefühl, daß man mein Können schätzt; ich sprach dort auch längere Zeit mit dem Zeichner, der zufällig meinen Onkel Moritz Cohn kennt. Mit Stein auch noch über sein Schweidnitzer Kellerbuch gesprochen, von dem schon 1100 Exemplare verkauft sind. Von dem alten Elisabethan mich mit ihm unterhalten, von der Leopoldina und dem Augen-Cohn; dann zu dem Fotografen gegangen, den ich leider nicht antraf. Archiv: heute hat sich die Mater Huberta mit mir lange Zeit über die Lage unterhalten, auch mit Engelbert, der die Dinge anders sieht, auch die Südostoffensive noch nicht für das Ende hält. In einigen Broschüren noch interessantes Material für Juden gefunden. Engelbert kaufte mir einige Bücher aus dem Besitz von Käthe Reiter (ab) und zwar die Weltgeschichte von Weber-Baldamus für 20 Mark. Ich trug nachher das Geld gleich zu ihr, und sie freute sich sehr . . .

18. April 1941; Freitag
Gestern nachmittag kam Hedwig Bermann und zeigte mir einen wunderschönen Brief ihres Sohnes Walter aus Ramot Haschawim, der über San Francisco gekommen war. Wie glücklich wäre ich, wenn ich auch wieder einmal etwas von den palästinensischen Kindern in den Händen hätte. Auch von Wölfl ist schon lange etwas fällig. . . . ins Beate-Guttmann-Heim (zum) beten . . .
7. Abend Pessach; Eugen Perle brachte mir dann noch zwei Tafeln Mazze herunter, damit ich Kidduch machen konnte . . .
Ich habe gestern von der Pförtnerin der Dombibliothek Eier und Speck bekommen. Sie ist immer sehr aufmerksam.

19. April 1941; Sonnabend
Gestern vormittag und abends beim Beten gewesen. . . . Jugoslawien hat bedingungslos kapituliert. Augenblicklich ist am Olymp eine große Schlacht im Gange, bei der vor allem neuseeländische Truppen beteiligt sind. Was muß das alte Griechenland nicht noch erleben . . .

20. April 1941; Sonntag
Gestern vormittag das letzte Mal in der Pessachwoche im G'ttesdienst gewesen; es war »Jiskor«, das Gedenken für die Toten; es nimmt mich immer mit; und viele Gestalten steigen auf, die vorangegangen sind . . . dann noch auf der Bank gewesen, wo ich für 200 Mark Papiere verkaufte. In diesem Jahr habe ich durch guten Arbeitsverdienst mit dem Kapitalvermögen sehr sparsam wirtschaften können . . .
Zeitung: Am Olymp ist eine große Schlacht im Gange; »Vom hohen Olymp herab ward uns die Freude, ward uns die Seligkeit zuteil«; das haben wir oft bei einem Trauerofficium gesungen. Jetzt tauchen klassische Namen in den Heeresberichten auf. Und doch ist trotz aller deutschen Siege der Ausgang des Krieges weiter sehr ungewiß; es wird alles davon abhängen, ob die Amerikaner noch rechtzeitig kommen. London und Berlin werden gegenseitig zerschlagen.
Heute ist der Geburtstag des Führers. Ob er von seinem Standpunkt Veranlassung hat, mit dem Erreichten zufrieden zu sein? . . .
Heute vormittag war ich mit Susanne auf dem Friedhof Claassenstraße, wo ich mich um 11 Uhr mit Prof. Görlitz verabredet hatte; wir hatten aber vorher noch Zeit, mit Herrn Wenglowitz, der dort wohnt, einen Umgang zu machen und bei dieser Gelegenheit fand ich das Grab meines Urgroßvaters Abraham Hainauer, der 1801 geboren ist und nur einige 50 Jahre alt wurde; für meinen Stammbaum ist das sehr wichtig. Susannchen hat auf das Grab ihres Urgroßvaters ein Steinchen gelegt. Prof. Görlitz schenkte mir noch eine neuere Arbeit von sich. Erfreulicherweise wird er noch nicht so bald nach Magdeburg übersiedeln. Er erzählte mir, daß es gar keinen Nachwuchs auf dem Gebiete der Rechtsgeschichte gibt. In den Ostertagen war er in Bojanowo, das jetzt Schmückert heißt. Der Friedhof ist dort jetzt in einen Tennisplatz verwandelt worden, obwohl die letzten Beerdigungen erst einige Jahre zurückliegen. Die Bäume sind umgehackt; das Altersheim ist ein Maidenheim geworden. Goerlitz war über diese Pietätlosigkeit dem Friedhof gegenüber auch entsetzt; er sagte, daß man sich so etwas vor zehn Jahren auch nicht hätte träumen lassen. Ich hatte das Gefühl, daß die Besichtigung des Friedhofs auf ihn großen Eindruck gemacht hat . . .
. . . Rußland gibt jetzt keinerlei Durchreisevisa mehr; damit ist auch die Auswanderung nach Schanghai zu Ende. Vielleicht ist

auch das zum Guten! Viele jüdische Menschen in Polen müssen jetzt in Schlesien Zwangsarbeit leisten.
Mädchen hat man jetzt nach der Papierfabrik in Königszelt gebracht. Vielleicht müssen sie dort Lumpen sortieren.

21. April 1941; Montag
Gestern habe ich Hedwig Bermann die j. Wohnsiedlung auf der Roonstraße von außen gezeigt . . . Heute vormittag im Archiv gearbeitet. Mater Huberta verwickelte mich wieder in ein längeres Gespräch über die Lage, was ich auf der einen Seite begrüße, was aber auch sehr anstrengend ist, weil man sich jedes Wort überlegen muß . . . Einen Artikel für die G. J. umgearbeitet . . . Die Engländer sind im Irak einmarschiert, was natürlich als räuberischer Überfall gebrandmarkt wird . . .

22. April 1941; Dienstag
. . . Heute vormittag im Archiv gearbeitet; ich war sogar schon kurz nach ½9 da und habe tüchtig exzerpiert; außerdem benutze ich immer meine Anwesenheit dort, um mich auf den verschiedensten Gebieten der Literatur auf dem laufenden zu halten.
Zur Lage: Sehr wichtig ist, daß England im Irak einmarschiert ist, um die Landbrücke nach Palästina abzukürzen. So wird ein Land nach dem anderen in das Verderben gezogen.
Von Frl. Levy von der Z. O. G. schöne Bücher bekommen.

24. April 1941; Donnerstag
Vorgestern nachmittag war noch Herr Förder da, um mir als Dank für meine Notiz zu seinem 70. Geburtstag eine Flasche Wein zu bringen. Ich wollte sie zunächst gar nicht annehmen; er sagte aber, daß er so viel bekommen hätte, und so konnte ich (ihn) nicht kränken. Er begleitete mich dann noch zur Post, und wir gingen ein Stück spazieren. Er erzählte mir, daß sein Sohn Viktor, mit dem ich seinerzeit in Schniebinchen zusammen war, in Palästina geheiratet hat. Mit wem, hat er nicht erfahren! Auch ein Zeichen der Zeit. In der Kleiderkammer der Gemeinde haben zwei dort beschäftigte Juden einen großen Diebstahl verübt, was bei einer Revision herausgekommen ist. Es sind 25 Anzüge gestohlen und verkauft worden. Ein Jude ist eingesperrt, der andere ist ausgerissen. Welche Gemeinheit auch, in solch' einer Notzeit die eigenen Rassegenossen zu bestehlen . . .
Archiv: Das »Archiv für schlesische Kirchengeschichte« wird nicht

mehr erscheinen können. Für alles muß Druckerlaubnis eingeholt werden. Offenbar besteht die Absicht, nur noch parteiamtliches Schrifttum erscheinen zu lassen.

26. April 1941; Sonnabend
Gestern nachmittag beim Beten gewesen, was für mich immer eine schöne Erbauungsstunde bedeutet. Ein Stück mit Herrn Perle gegangen. Das Kleinkinderheim in Krietern wird Reservelazarett; man hat die Gemeinde gefragt, was ihr lieber wäre fortzugeben: das Krieterner Heim oder das Beate-Guttmann-Heim; man hat das erstere vorgezogen, weil die verhältnismäßig kleine Zahl von Kindern sich anderweitig unterbringen läßt. Viele Mütter können auch ihre Kinder zu sich nehmen.
. . . Wegen der fehlenden Post der Kinder bin ich sehr unruhig; das hilft aber nichts, man muß da auch seelisch durchhalten . . .
Zur Lage: Immer näher rückt der Krieg nach Palästina! Es hängt nun viel an der Stellung von Amerika und Rußland! Dunkel liegt die Zukunft über der Erde.

28. April 1941; Montag
. . . Archiv: Mater Innocentia sagte mir, daß Mater Huberta sich beklagt habe, sie habe sich neulich einen ganzen Vormittag mit mir unterhalten müssen; dabei hatte sie selbst die Aussprache gewünscht; ich bin froh, wenn ich solche Gespräche nicht zu führen habe; ich werde in Zukunft noch größere Zurückhaltung an den Tag legen . . .

30. April 1941; Mittwoch
Gestern vormittag habe ich im Archiv gearbeitet und eine Menge exzerpiert; ich habe dabei ein ganz schönes Material für die Geschichte der Juden zusammengestellt . . . Heute früh kam ein netter Brief von der »Lehranstalt«. Ich denke, daß ich da auch weitere Aufträge erhalten werde . . .

1. Mai 1941; Donnerstag
. . . Heute ist der 1. Mai, und es ist auch etwas wärmer geworden. Vor neun Jahren bin ich zum letzten Male in einem Umzug für den Gedanken des Weltfriedens mitgegangen, und wo stehen wir heute?

3. Mai 1941; Sonnabend
Gestern vormittag habe ich tüchtig auf der Bibliothek gearbeitet . . . Ich schreibe gerade ein besonders schönes altjüdisches Testament ab . . . Am Nachmittag noch eine kleine Ergänzungsarbeit für die Germania Judaica gemacht. Zum Beten gegangen.
. . . Abends gemütlicher Freitagabend. Heute früh beim Barbier gewesen und ziemlich alarmierende Nachrichten gelesen; es sieht so aus, als ob der Staat Irak jetzt die englische Seite verläßt und sich zur Achse schlagen wird. Damit ist eine große Rückenbedrohung für Palästina leider nicht fortzuleugnen. Die Zeitung berichtet, daß der Oberrabbiner Herzog das Land verläßt. Wenn es wahr ist, so wäre es eine Schande. Auch sollen die amerikanischen Juden ihren Besitz zu liquidieren versuchen und zu türmen beginnen. Die chaluzische Jugend aber wird für das Land das Leben opfern, natürlich ist einem wehe zumute, wenn man an die eigenen Kinder denkt, aber sie müssen ihre Pflicht tun, wohin sie hingestellt sind . . .

4. Mai 1941; Sonntag
. . . Die Zeitung bringt heute eine für uns Juden sehr alarmierende Nachricht. Irak ist in den Krieg gegen England eingetreten und hat die Erdölleitung von Mossul nach Haifa unterbrochen. Damit ist die Erdölzufuhr für die englische Mittelmeerflotte unterbrochen. Kann sich England überhaupt noch von diesen Schlägen erholen, kann die amerikanische Hilfe noch zurechtkommen? Sicherlich sind alle diese Dinge von Berlin her zentral geleitet; der Irak hat nun den Aufstand der Araber proklamiert und die Rückwirkungen auf Palästina sind gar nicht abzusehen. Unsere Menschen sind ja schließlich dahin gegangen, um friedliche Aufbauarbeit zu leisten und werden nun in eine derartige Wirrnis hineingezogen. Wieviel jüdisches Blut wird da für England fließen! Es ist tragisch. Und wenn man selbst zwei Kinder dort hat, dann kommt zu der Sorge um das Volk noch die Sorge um die, an denen das Herz hängt und auf die man so viele Hoffnungen gesetzt hat. Gebe G'ott, daß sie durch alles gut hindurchkommen und daß noch alles besser wird wie man im Augenblick fürchtet.

5. Mai 1941; Montag
. . . Heute früh kam mancherlei erfreuliche Post. Ein sehr treuer Brief von Rose Hoffmann; sie wollte auch an Ernst und Ruth schreiben und ihnen sogar etwas schicken. Hoffentlich gelingt es,

auf diese Weise wenigstens zu einer Nachricht zu kommen. Man hört allgemein, daß die jungen Leute in den Kibbuzim nicht schreiben dürfen, und vielleicht halten (sie) sich eben beide streng an die Vorschrift. Jedenfalls bangt man sich sehr nach einer Nachricht. Auch Dr. Hoffmann hat mir einen sehr geschickten Brief wegen einer eventuellen Berufung nach Amerika geschrieben. Dann kam ein sehr lieber Brief von Dr. Rothschild aus Basel, auch mit einem geschickten Brief wegen unserer Palästinawanderung; außerdem schrieb er wegen meiner Arbeit über Thomas von Aquino, die der »Divus Thomas« jetzt nicht herausbringen will. Aber die Arbeit ist fertig gedruckt und ich will veranlassen, daß ein Exemplar der Fahne nach New York geschickt wird . . .
Archiv: Drei Stunden sehr fleißig exzerpiert, aus Mitteilungen des Vereins für Geschichte der Deutschen in Böhmen noch mancherlei Material für die G. J. gefunden . . . Mit Mater Huberta nehme ich mich möglichst in acht, da mir Mater Innocentia sagte, wie sehr sie alles umdreht. Die erstere ist eben ganz falsch, und es ist unangenehm, mit einem solchen Menschen in einem Raum arbeiten zu müssen; dabei ist sie äußerlich von größter Liebenswürdigkeit . . .
Im Irak ist nun ein Krieg zwischen diesem Lande und England entbrannt. Kampf um das Erdöl. Die Pipeline soll schon nichts mehr nach Palästina bringen.

6. Mai 1941; Dienstag
. . . Mit Auslandspost zum Postamt gegangen; sie muß ja immer persönlich hingebracht werden . . . In der Zeitung stand im Heeresbericht der Italiener eine sehr aufregende Notiz. Es seien sehr viele Palästinajuden an der ostafrikanischen Front gefallen. Zunächst war ich über den Ton sehr gekränkt, der nicht einmal vor dem toten Gegner Achtung hat. Und wenn man daran denkt, daß man einen wehrpflichtigen Sohn drüben (hat) und so viele Schüler, die voll von Idealismus herübergegangen sind! Sie müssen jetzt für England in der Hitze Abessiniens verbluten! In dem Gedanken krampft sich das Herz zusammen und man kann so gar nichts anderes tun als auf eine Nachricht warten und immer wieder warten! Und doch muß man sich bemühen, die Haltung zu bewahren.
Heute früh in der Bibliothek gearbeitet und ganz schönes Material für die G. J. exzerpiert. Morgen will der Kardinal um ½11 das Institut besichtigen; ich werde vorher verschwinden, es ist wohl richtiger!

7. Mai 1941; Mittwoch
Gestern nachmittag noch einiges für meine G.-J.-Artikel gearbeitet . . .
Heute bin ich wegen des Besuches des Kardinals schon zeitiger aus dem Archiv fortgegangen. Ich hielt das aus Taktgründen für richtiger . . .

8. Mai 1941; Donnerstag
Die Morgenpost brachte einen der üblichen Briefe der Lehranstalt, der voll mit Kleinigkeiten war. Aber den Auftrag für die Bearbeitung eines neuen Gebietes habe ich noch nicht erhalten; es sieht auch nicht so aus, als ob ich ihn erhalten würde. Alles aber hat seine guten Seiten! Jedenfalls dränge ich mich da nicht auf. Heute vormittag im Archiv gearbeitet und besonders die Schlesischen Provinzialblätter auf jüdische Erwähnungen durchgesehen; man findet da manches entlegene Material; und wenn ich das in meinem Leben auch nicht mehr voll werde verwerten können, so ist es doch gut, wenn es zusammengetragen ist und andere es einmal verwerten können. Das Zusammenstellen macht Freude!
Heute kam die Nachricht, daß das weitere Erscheinen des »Archivs für schlesische Kirchengeschichte« verboten ist und auch die Pfarrgeschichte von St. Michael nicht erscheinen kann. Es sind das Kriegsmaßnahmen, weil eben alles und jedes auf die Kriegsproduktion abgestellt ist, aber man will sicherlich auch das katholische Schrifttum als solches treffen und vernichten. Engelbert war auch sehr niedergedrückt. Mit dem Kantor Schirdewahn ins Gespräch gekommen, der über Musikgeschichte arbeitet. Mater Huberta war heute wieder kitschfreundlich und brachte mir sogar ein neues Buch, aber sie ist doch falsch. Trudi war auf der Gestapo und hat 14 Tage Urlaub für Berlin erhalten und wird Montag fahren . . .

9. Mai 1941; Freitag
Heute vormittag einen Brief für die Gesellschaft diktiert und ein längeres Exposé, das Trudi in Berlin ihrer Unterredung mit Dr. Baeck zugrunde legen soll . . . Ein Buch von Prof. Görlitz geholt, das mir dieser liebenswürdigerweise von der U. B. besorgt hat. Auf dem Hinweg die Frau Kantor Wolff, früher in Oels, getroffen; ihr Mann arbeitet jetzt an dem großen Luftschutzkeller, der vor dem Hauptbahnhof angelegt wird; dabei hat er sich etwas Rheumatismus geholt; dann die Dame getroffen, die lange bei Onkel Lewy

Gesellschafterin war. Sie hat ihren Bräutigam damals in Buchenwald verloren.

10. Mai 1941; Sonnabend
Gestern nachmittag brachte die Nachmittagszeitung einen Bericht von einem schweren Luftangriff auf Bremen und Hamburg. Feindliche Flieger sind sogar bis Posen vorgestoßen . . . Als ich ins Beate-Guttmann-Heim zum Beten ging, war dort große Aufregung. Das Heim ist von der Militärbehörde beschlagnahmt worden und soll bis Donnerstag geräumt werden. Wenn das auch vielleicht um 14 Tage verlängert wird, so bleibt das doch schlimm für die alten Leute, die dort glaubten, ruhig ihren Lebensabend verbringen zu können; man hat sie natürlich getröstet so gut es ging, aber hart ist es; der Krieg wird immer schärfere Formen annehmen und immer größeres Unglück bringen. Mit dem Eingreifen der Vereinigten Staaten wird man nun auch zu rechnen haben, was sicherlich auch wieder seine Rückwirkung auf die unter deutscher Herrschaft stehenden Juden haben wird.
Aus dem Jüdischen Nachrichtenblatt hat mich die Todesanzeige des Rabbiners Salli Levi aus Mainz sehr mitgenommen. Er ist in Berlin von einem Herzschlag ereilt worden, kurz vor seiner Auswanderung nach USA . . .

12. Mai 1941; Montag
. . . Die Morgenpost brachte eine riesige Freude, ein sehr langer Brief von Wölfl vom 20. April, über den ich sehr glücklich war . . . Am Abend hatte ich dann noch die weitere Freude, daß auch von Ernst ein Lebenszeichen kam; es ist ihm im März gut gegangen; nun müßte man noch etwas von Ruth hören. Vormittag im Archiv sehr tüchtig exzerpiert. Mater Innocentia bewundert immer, wie ich mich trotz alledem konzentrieren kann. Am Nachmittag meine Pfandrechtsarbeit durchgesehen und geordnet; dann noch im Beate-Guttmann-Heim gewesen. Es ist ein Jammer zu sehen, wie dies schöne Heim nun in der Auflösung begriffen ist und wie die alten Leute ihre Sachen verkaufen. Es ist noch nicht heraus, welches Haus zur Verfügung gestellt werden wird . . .
. . . Der Großmufti, der in Beirut sitzt, hat den heiligen Krieg ausgerufen. Den hätte England auch nicht durch die Latten gehen lassen sollen. Der Emir von Transjordanien soll von seinem eigenen Sohne schwer verwundet worden sein. So nähert sich alles

Palästina, aber noch ist alles in der Schwebe und niemand weiß, wie es ausgeht.

13. Mai 1941; Dienstag
Heute ein großes Ereignis! Nach den deutschen Zeitungen ist Rudolf Heß tödlich verunglückt; er ist von einem Fluge nicht wiedergekommen; er soll sich in einem Anfall geistiger Umnachtung entfernt haben; man erzählt sich aber, daß er mit einem Fallschirm über England abgesprungen ist und sich in Glasgow mit einer Verletzung befindet! Wenn das wahr wäre, so wäre es ein großer Schlag für die Bewegung! Der Stellvertreter des Führers zum Feinde geflogen! Es könnte der Anfang vom Ende sein! Man spricht auch wieder viel von einem Kriege mit Rußland . . .
Trudi ist g'ttlob gut in Berlin angekommen, aber nun ist man besorgt wegen der Nächte; das Wetter ist jetzt recht klar und man muß jede Nacht mit Angriffen rechnen!

14. Mai 1941; Mittwoch
Heute vormittag wieder tüchtig auf dem Archiv gearbeitet, morgen bekomme ich Judenakten zugänglich gemacht, die ich bisher noch nicht gesehen habe. Der Direktor sprach auch mit mir heute über die Lage; der Wurm sei im Gebälk. Selbst mein Barbier Duscha, ein überzeugter Nazi, war entsetzt über die Flucht von Rudolf Heß. Er sagte, der kleinste Pimpf renne sich die Beine ab für den Führer! Ich muß bei all dem an »hagadjo« denken; einer frißt den andern! Ein schwerer Schlag für die NSDAP, und es ist fraglich, ob sie sich von ihm noch erholen wird . . . Engelbert sagte mir heute auch sehr nette Worte über meine Abhandlung über die Judenurkunden der schlesischen Herzöge, die ich ihm gegeben hatte; keine einzige Ausstellung, obwohl ich ihm ausdrücklich gesagt hatte, daß er mir seine Bemerkungen sagen sollte. Ich habe mich über die Anerkennung sehr gefreut; er ist ja schließlich einer der besten Kenner der schlesischen Geschichte.

15. Mai 1941; Donnerstag
. . . Heute früh viel gute Post von Trudi bekommen, die durch Rücksprache auf der Redaktion des Nachrichtenblattes viel für mich erreicht hat. Ich denke, daß meine Mitarbeit dort wieder in Gang kommen wird. Im Archiv gearbeitet, die Abschrift eines sehr interessanten Aktenstückes begonnen, das Judaica enthält und das in einem großen Teil von der Erwirkung des Heiratskonsenses für

die Tochter eines Breslauer Schutzjuden handelt. Schade, daß man dieses interessante Material jetzt nicht veröffentlichen kann!

16. Mai 1941; Freitag
... Heute früh war mein alter Barbier Duscha ganz aufgeregt, er war gestern abend vor die Ortsgruppe der NSDAP geladen worden, weil er einen Juden rasiert. Der alte Mann hat mit leid getan. Nun sieht er selbst, wohin die Spitzelei führt. Es hat ihm selbst sehr leid getan, daß er mich nun nicht mehr besorgen kann, ich war über sieben Jahre sein Kunde. Er empfahl mir den j. Frisörmeister Müller. Ich habe dann seine Adresse ermittelt und werde versuchen, ihn morgen zu erreichen; die kleinen Erschwerungen des Lebens muß man eben hinnehmen. Noch ein Zeichen der Zeit. Unser Kolonialwarenhändler Münzner hat sein Geschäft verkauft; er hat die Nase voll. Für die kleinen Lebensmittelhändler ist es ja auch sehr schwer. Er hielt mir einen längeren Vortrag. Jetzt wo Rudolf Heß nach England geflogen ist, sieht er die Sache für aussichtslos an; in Belgien hätte man schon nicht mehr Kartoffeln zu essen. Für uns ist der Wechsel natürlich unangenehm; man muß sich wieder mit einem neuen einrichten ... Einen Wochenfestartikel fürs Nachrichtenblatt, der mir aber nicht sehr viel Spaß gemacht hat; man muß sich jedes Wort überlegen! ...

17. Mai 1941; Sonnabend
Gestern nachmittag zum G'ttesdienst ins Beate-Guttmann-Heim gegangen, wo noch weiter alles in der Schwebe ist ... Mit Herrn Perle das letzte Mal gegangen; im Laufe der Woche zieht er schon nach der Wallstraße ...
Heute früh bei dem Barbier Müller auf der Gartenstraße gewesen; ich denke, daß sich das einrichten wird. Es ist das ein jüdisches Haus, Schäferstiftung ... Bei Elly Bendix gewesen wegen des Regals für die Dombibliothek und wegen der alten Akten. Am 1. Juli müssen sie aus der Wohnung heraus! Es ist eine sehr altmodische Familie, der jede Umstellung sehr schwer fällt ...

18. Mai 1941; Sonntag
... Heute habe ich mit den Kindern und mit Edith einen schönen Maispaziergang gemacht ... Wir haben den ganzen Vormittag übrigens keinen Glaubensgenossen getroffen; die meisten machen nicht mehr so weite Spaziergänge. Niemand hat uns nur schief angesehen! Die Leute wollen alle ihre Ruhe haben. Jetzt am

Nachmittag war Großmutter Proskauer da; sie fühlt sich im Haddaheim wohl; dann brachte mir ein Herr Sander den Plan der verbrannten Synagoge zu Trachenberg.

19. Mai 1941; Montag

... Heute früh las ich in einem Aushängekasten einen Artikel des »Völkischen Beobachters«, wonach auch palästinensische Truppenteile an der Südostfront in deutsche Kriegsgefangenschaft gefallen sind. Neben einigen unerfreulichen Ausfällen las ich wenigstens die Beruhigung heraus, daß sie als Kriegsgefangene behandelt werden. Auch Breslauer Juden waren dabei.

... Archiv: gerade als ich zum Benutzersaal heraufgehen wollte, hielt mich ein Herr an, stellte sich als Prof. Hoffmann vor; ich wußte wer es ist: der schlesische Kirchenhistoriker; wir kamen in ein langes Gespräch, teils wissenschaftlicher Art, teils erkundigte er sich nach verschiedenen Gelehrten. Er erzählte mir auch, daß die Bibliothek von Vogelstein nicht mehr herausgekommen ist, sie ist in den Kisten beschlagnahmt und hier an den sogenannten Antiquar Poppe verkauft worden, später z. T. an Görlich und Coch gekommen. Er, Hoffmann, habe die persönlichen Papiere von Vogelstein sich geben lassen und der Synagogengemeinde zugestellt. Hoffmann hat auf mich einen sehr guten Eindruck gemacht; ein bedeutender Gelehrtenkopf ...

20. Mai 1941; Dienstag

... Beim Barbier Müller gewesen; auch jetzt eine umständliche Angelegenheit ...

Zeitung: Der Herzog von Aosta hat in Ostafrika kapituliert; auf dieses Ereignis war in den deutschen Zeitungen schon vorbereitet worden; es ist von größter Wichtigkeit, denn die Engländer bekommen jetzt eine riesige Armee frei. Auch mit dem heiligen Krieg der Mohammedaner scheint es nicht so zu klappen; man wiegelt in den Zeitungen ab. Ein italienischer Prinz ist jetzt König von Kroatien geworden, aber das dürfte nur ein Eintagsgebilde sein, so wie am Ende des Weltkrieges deutsche Prinzen auf die Throne der besetzten Gebiete steigen sollten. Die Zeit arbeitet sicher nicht für Deutschland.

Heute vormittag sehr fleißig im Archiv gearbeitet, die Ollendorffsche Heiratskonsensangelegenheit zu Ende exzerpiert; das wäre einmal ein schöner Stoff für eine Publikation. Das Kapitel und der Oberpräsident haben die Eigenschaften dieses Juden besonders gelobt.

. . . Die Ernäherungslage wird immer schwieriger; selbst die Kartoffeln sollen knapp werden. Etwas junges Gemüse gibt es schon, das ich immer auf der Dominsel einkaufe.

21. Mai 1941; Mittwoch
. . . Gestern abend hörte ich die Unterhaltung von zwei jungen Mädchen, die sich erzählten, daß jetzt alle Mädchen über 15, die in den Haushalten irgendwie abkömmlich wären, in die Munitionsfabriken müßten. Was mag Deutschland noch vorhaben; man erzählt sich, daß der Führer in Breslau sein soll! Ob das nun mit der Ukraine zusammenhängt? Viel Truppenverschiebungen in den letzten Tagen!

22. Mai 1941; Donnerstag
Gestern früh Synagogensteuern bezahlt . . . Meldung bei der Staatspolizei, die aber ohne irgendwelche Sensationen verlief . . .
. . . Wieder einmal auf den Friedhof Lohestraße gegangen, um die Eltern zu besuchen und die Grüße aller der Ausgewanderten zu bestellen! Ich habe auch die Gräber meines Urgroßelternpaares Jaffe gefunden, so habe ich in der letzten Zeit für meinen Stammbaum manchen Fortschritt erzielen können. Es war schön und friedlich dort, nur werfen die Soldaten, die in der Menzelschule in einem Lazarett untergebracht sind, allen möglichen Unrat herunter, Apfelsinenschalen, ganze Würste; es geht ihnen noch zu gut. Bei dem Arbeitermangel macht es Mühe, das alles zu beseitigen. Herr Lemberg, der früher in Trachenberg war, arbeitet jetzt auf dem Friedhof . . .
Der alte Bankier Moritz Marck ist gestorben; er sollte aus seiner Wohnung am Hindenburgplatz heraus, so hat er bald sein endgültiges Quartier bezogen, bzw. er wird es morgen beziehen.
Politik: Immer noch merkt man nichts von dem großen Schlag, der sich vorbereitet, die verschiedensten Versionen sind im Umlauf. Von Trudi hatte ich einen lieben und ausführlichen Brief; sie gibt sich große Mühe mit den wissenschaftlichen Dingen. Die Lehranstalt scheint mit ihren Mitteln auch ziemlich zu Ende zu sein. Ich werde über eine andere Erwerbsquelle nachdenken müssen; es wird sich schon etwas finden! . . .

24. Mai 1941; Sonnabend
Gestern nachmittag ins Beate-Guttmann-Heim zum Beten gefahren; das letzte Mal dorthin, am 30. Mai soll das Heim geräumt sein,

aber noch gestern wußte man nicht, wo die alten Leute untergebracht werden sollen; es ist ein großer Jammer . . . Es hat mir sehr leid getan, daß ich dort das letzte Mal beten konnte, und ich weiß noch nicht, wohin ich das nächste Mal gehen werde. Aber überall kann man ja den Weg zu seinem G'tte finden . . .
Aus der Zeitung ist wichtig, daß der berühmte U-Bootführer Prien von seiner Fahrt nicht wiedergekehrt ist. Man erzählt sich merkwürdige Dinge; als er beim Führer war, der ihm eine hohe Auszeichnung überreichte, soll er ihn gefragt haben, ob er noch etwas für ihn tun könne; daraufhin soll er gesagt haben, der Führer möchte den Pfarrer Niemöller freilassen; daraufhin soll Hitler eisig geworden sein und ihn an die Front zurückgeschickt haben. Jedenfalls ist P. tot!

25. Mai 1941; Sonntag
Gestern vormittag habe ich mich mit den hebräischen Handschriften beschäftigt und einiges herausbekommen . . . Mit Susannchen ins Freie gefahren. Wir waren zusammen bei der Messe in Scheitnig. Zum ersten Mal hat sie auch das Innere der Jahrhunderthalle gesehen, in der ich auch schon viele Jahre nicht gewesen bin, und in ganz anderen Zeiten. Wir haben uns auch alles angetan, was sich antun läßt: Eis, Apfelsaft; früher aß man bei solchen Veranstaltungen auch heiße Würstchen, aber diese gab es hier nur gegen Fleischmarken, die wir ja für diese Zwecke nicht haben . . . Als wir gerade die Landesausstellungen sahen, ertönte durch Lautsprecher eine Sondermeldung: Deutsche Luftlandetruppen seien auf Kreta gelandet, und der restliche Teil der Insel sei fest in deutscher Hand! . . .
In der Messehalle hat man einmal in glücklicheren Zeiten getanzt. Auf dem Platz, auf dem die Hallen für das Vieh stehen, haben wir 1914 unsere Kolonne einexerziert. Überall Erinnerungen; und muß man nicht noch dankbar sein, daß es einem so geht! Ich finde, daß viele sehr ungerecht sind. Ich hatte übrigens an der Kasse mich ausdrücklich als Jude zu erkennen gegeben und gefragt, ob der Eintritt für uns verboten sei. Der Herr sagte aber, es sei nichts bekannt. Die Hühnerzucht hat Susannchen auch viel Freude gemacht; sie hat auch noch niemals das Euter einer Kuh gesehen. Ich erzählte ihr, daß sie das auch einmal alles in Palästina wird anwenden können! Jedenfalls war ich froh, daß das Kind so glücklich war . . .

26. Mai 1941; Montag
Ich habe heute früh mehrere Stunden im Archiv gearbeitet; . . . ein interessantes Aktenstück aus dem 18. Jahrhundert exzerpiert: Ein oberschlesischer Jude hatte einen Geistlichen beim Breslauer Generalvikariat wegen Trunkenheit verklagt, dann sich aber aus dem Staube gemacht; es gibt einen ganz guten Einblick in die kulturgeschichtlichen Zusammenhänge; solche Dinge wären einmal wichtig für eine abschließende Geschichte der Juden . . .

29. Mai 1941; Donnerstag
Gestern früh fleißig im Archiv gearbeitet; . . . am Nachmittag einen Artikel für das Nachrichtenblatt (geschrieben) . . .

30. Mai 1941; Freitag
Gestern vormittag im Archiv gearbeitet; das letzte Mal vor der Pfingstpause; erst nächsten Donnerstag werde ich wieder hingehen . . . Ich lese jetzt Hitler: Mein Kampf. Es ist ein Buch, mit dem man sich unter allen Umständen auseinandersetzen muß. In vielem scheint er mir das Judentum nicht unrichtig zu charakterisieren . . .
. . . Die Hintergründe der Abreise von Rudolf Heß, der Frau und Kind in der Schweiz untergebracht hat, scheinen im Kampf um die Aufrechterhaltung des Sozialismus in der Partei zu liegen.

31. Mai 1941; Sonnabend
Gestern vormittag hatte ich die Freude, daß von Wölfl wieder ein Lebenszeichen kam und schon von fast Mitte Mai, worüber ich sehr froh war; er schreibt jetzt ganz regelmäßig . . . Am Nachmittag mit dem Thoraabschnitt bamidbor beschäftigt. »Jeder zu seiner Fahne«; auch bei den hebräischen Fotokopien habe ich ein weiteres Blatt entziffern können . . . Ein letztes Mal zum Beten im Beate-Guttmann-Heim. Man will dort nicht mehr, daß jemand von auswärts kommt, es sind schon im Parterre einige Zimmer von dem Reservelazarett belegt, allerdings nur mit Geschäftszimmern; für das übrige Heim hat man den Termin um 14 Tage verlängert und gesagt, daß sie nur heraus müssen, wenn sie etwas anderes gefunden haben. Das Militär ist immer noch anständig, natürlich sind die alten Leute schon sehr nervös. Nun werde ich mir eine andere Stelle zum Beten suchen müssen . . .

1. Juni 1941; Pfingstsonntag. 1. Tag des Wochenfestes
Gestern nachmittag wieder einmal meine Flottenarbeit (Karl I.) vorgenommen; ich lasse da ein abschreibfähiges Manuskript herstellen. Ich möchte gern diese Arbeit auch noch in mehreren Exemplaren vorliegen haben ...
In der Storchsynagoge gewesen, wo ich schon sehr lange nicht war. Sie war sehr schön ausgeschmückt; ich stand neben Eugen Perle und wurde auch zur Thora gerufen!
Frau Dr. Aschheim gesprochen, die am 1. Juli das letzte Mal Gehalt bekommt ... Für den Kultus darf jetzt auch kein Geld mehr ausgegeben werden. Perle fragte mich, ob für Dr. Hamburger jetzt gesammelt werden soll ... Politik: Kreta scheint nun auch für die Engländer verloren zu sein. Der Krieg nähert sich leider Palästina. Wenn das auch noch alles keine Enderfolge sind, so doch immer Prestigeerfolge und furchtbare Menschenopfer. Das steht alles so im Gegensatz zu dem heutigen strahlenden Pfingsttag. Wie dankbar können wir immer noch sein, daß wir das Fest der Thora so feiern dürfen!
Ich war heute bei dem 10-Uhr-G'ttesdienst, bei dem liberalen, in der Storchsynagoge; es waren sehr viele Menschen da; die Predigten von Lewin sind ja ein Anziehungspunkt; ich habe sie übrigens nicht abgewartet; es trug übrigens kein Mensch einen Tallith, und es wurde viel gesprochen! Der G'ttesdienst, der mit Hallel begann, ist an sich sehr würdig; ich saß neben dem Justizrat Peiser, der jetzt das Fränkelsche Zufluchtshaus auf der Friedrich-Wilhelm-Straße leitet! Er sagte mir draußen im Hof, wie leid es ihm täte, daß man damals die »Geschichte der Juden in Breslau« nicht geschrieben hat; ich sagte ihm, daß es wohl Schuld des liberalen Judentums gewesen wäre, daß man an solchen Aufgaben vorbeigegangen sei; ich selbst hätte ja dafür mich nicht einsetzen können, da es ja pro domo gewesen wäre. Ich sagte ihm aber, daß ich inzwischen einiges gemacht hätte ...

2. Juni 1941; Pfingstmontag. 2. Tag des Wochenfestes
Gestern nachmittag ein Stück meiner Flottenarbeit unter der Regierung Karls I. durchgesehen! ... Mit Susannchen in die Storchsynagoge gefahren, sie freute sich auch sehr an der Ausschmückung. Heute früh war ich gegen 8 schon dort beim konservativen Gottesdienst; es liegt doch darin etwas anderes als beim liberalen; man hat doch hier mehr den Eindruck, daß eine Gemeinde betet. Hamburger hat ganz gut gesprochen, nur der

Schluß war unpassend. Im Jiskor hat er besonders aller derjenigen gedacht, die nur darum gestorben sind, weil sie Juden waren. Nachher noch etwas bei Perle in der Wohnung gewesen, der in den Räumen des ehemaligen Palästinaamtes recht schön untergebracht ist. Er erzählte mir, daß der Gedanke aufgetaucht ist, das Beate-Guttmann-Heim im ehemaligen Kloster Leubus unterzubringen. Ich habe ihn dringend davor gewarnt; dann besteht die Gefahr, daß von den Insassen keiner mehr wiederkommt! Man hat doch im Staate eine sehr merkwürdige Auffassung von den »unnützen Essern«; Er wird über diese meine Befürchtung nur mit dem Rabbiner Lewin sprechen, sonst mit niemandem. Perle hat mir heute auch den neuen Gemeindevorsitzenden, den Landgerichtsrat Kohn, vorgestellt, der mich wohl schon kannte.

3. Juni 1941; Dienstag
... Heute früh mit Trudi und Susanne den versprochenen Ausflug gemacht... Niemand hat uns belästigt... Susannchen hat auch zum ersten Male das Pflügen beobachtet; ein Junge machte gerade seine ersten Versuche. Wie sehr würde ich mir für meine Kinder ein friedliches Leben in der Landwirtschaft ersehnen: die Rückkehr zum Boden.
Heute steht in der Zeitung, daß die Deutschen und Italiener Kreta endgültig in Besitz genommen haben, und damit rückt der Krieg in die endgültige Nähe Palästinas; die Situation für die Engländer wird immer schwieriger; wenn nicht bald die amerikanische Hilfe kommt, ist sie fast hoffnungslos! Aber wie weit das mit der amerikanischen Hilfe ist, wissen wir alle nicht! Es kann natürlich auch alles anders ausgehen! Man macht sich wegen der Kinder, die schließlich drüben nur friedlich ihrer Arbeit nachgehen wollten, viel Gedanken, aber das hilft nun alles nichts! Man muß versuchen über diese Gedanken hinwegzukommen. Wölfl ist wahrscheinlich beim Bau der Transsaharabahn beschäftigt; auch das ist keine Kleinigkeit...

4. Juni 1941; Mittwoch
Gestern nachmittag war noch Kollege Freund da! Er brachte mir die für ihn sehr traurige Mitteilung, daß ihm die Wohnung gekündigt worden ist; aber er trägt das wie ein Mann. Ich habe ihm ein paar Ratschläge gegeben und ihm auch angeboten, in den Umzugstagen bei uns zu wohnen...

5. Juni 1941; Donnerstag
Gestern vormittag wieder einmal einen kleinen Artikel für die G. J. geschrieben, später ein Buch getauscht, bei Prof. Görlitz meine Pfandrechtsarbeit abgetragen und die Bücher zurückgegeben, die er für mich entliehen hat . . .
Wilhelm II. ist in Doorn im Alter von 82 Jahren gestorben. In der Verbannung. Ob die Hohenzollern noch einmal wiederkommen werden? Im Irak scheint der Krieg zu Ende zu sein! Die Engländer haben Bagdad genommen.

6. Juni 1941; Freitag
Gestern vormittag im Archiv gearbeitet; ich habe jetzt die böhmischen Urkundenbücher bekommen, so daß ich noch einige Artikel der G. J. verbessern kann . . .

7. Juni 1941; Sonnabend
Gestern nachmittag Storchsynagoge, Herrn Perle gesprochen, mit der Straßenbahn nach Hause, weil mich das Zufußlaufen, wenn man auf die Minute da sein muß, doch sehr anstrengt; noch ein paar Minuten mit dem Polizeiinspektor Heinrich unterhalten. Lage: die deutsche Luftflotte bombardiert jetzt Alexandria, andererseits wird im Heeresbericht jetzt zugegeben, daß bei Tobruk schwere amerikanische Panzer in Erscheinung getreten sind.

9. Juni 1941; Montag
Die heutige Morgenzeitung brachte eine für uns Juden sehr wichtige Nachricht. Die englische Offensive gegen Syrien hat begonnen; ich hatte damit schon immer gerechnet; sicher werden daran auch stark palästinensische Truppen beteiligt sein und es wird auch jüdisches Blut kosten. Ob Ernst auch dabei ist? Andererseits scheint nach der deutschen Zeitung die Überlegenheit der Engländer hier eine so starke zu sein, daß mit einem ernstlichen Widerstand der Franzosen nicht zu rechnen ist, wenn auch Petain dazu aufruft. Die Macht der Regierung in Vichy ist nicht groß, abgesehen von dem unbesetzten Frankreich beherrscht sie höchstens die nordafrikanischen Kolonien . . .
Heute früh in der Finanzkasse eine ganz anständige Summe Einkommensteuer gezahlt! Dort steht noch nicht angeschrieben: »Juden werden nicht bedient.« Mehrere Stunden im Archiv Urkunden abgeschrieben . . .

11. Juni 1941; Mittwoch
Vorgestern nachmittag Zettelmaterial der Lehranstalt durchgearbeitet, eine wenig erfreuliche Angelegenheit . . . Gestern vormittag im Archiv Judenurkunden von Budweis exzerpiert . . . Politik: Im Mittelpunkt der Ereignisse steht nun der englische Einmarsch in Syrien; man sieht da nicht klar, ob die Franzosen überhaupt Widerstand leisten. Vorgestern fabelte die Zeitung etwas von einer großen Schlacht am See Tiberias. Aber das war ein gänzliches Phantasieprodukt.

12. Juni 1941; Donnerstag
Gestern vormittag im Archiv gearbeitet, die Exzerpierung des Budweiser Urkundenbuches beendet . . . Zeitung: Haifa ist von Kreta aus das erste Mal bombardiert worden – und in Deutschland darf wieder dreimal in der Woche getanzt werden. So ist das Leben! Über den syrischen Feldzug der Engländer stand nichts in der Zeitung. Ich glaube, daß die französischen Truppen kampflos zu den Engländern übergehen werden.
Gestern nachmittag war die Großmutter Proskauer da; sie erzählte, daß die Frage der Unterbringung des Beate-Guttmann-Heims noch immer nicht entschieden ist, wegen Görlitz wird verhandelt. Man hätte die Menschen hier privatim unterbringen müssen.

13. Juni 1941; Freitag
Gestern vormittag an den Zetteln der Lehranstalt etwas gearbeitet; am Nachmittag große Teile meiner jüdischen Bibliothek geordnet, die ich ja jetzt für meine Arbeiten besonders brauche . . .
In der Zeitung: Die Beschreibung des Luftangriffs auf Haifa, große Fliegerangriffe auf westdeutsche Gebiete, immer mehr wird alles nach Osten verlegt werden, immer mehr wird man uns Juden zusammendrängen, aber auch das muß ertragen werden!
Heute vormittag im Archiv gearbeitet, wieder von manchen Beschlagnahmungen im katholischen Kreise gehört, in Köln das Priesterseminar, in der Diözese Osnabrück eine Anstalt, auch hier in Oberschreiberhau ein Schwesternstift, das letztere, weil dort eine Prophezeiung mit einer Schreibmaschine vervielfältigt worden ist. Ich bin kein Freund dieser Prophezeiungen. Die Mater Huberta war natürlich sehr aufgeregt, wie so oft. Ich habe immer das Gefühl, daß sie nicht eher ruhen wird, bis sie mir da die Arbeitsmöglichkeit abgegraben haben wird. Heute fing sie an: wir hätten eine sehr gefährliche Nachbarschaft bekommen; dabei handelt es

sich nur darum, daß uns gegenüber Sicherheits- und Hilfsdienst gelegt worden ist, wie jetzt in vielen Teilen der Stadt: die Truppe, die im Falle eines Fliegerangriffs einzuschreiten hat. Eine Nonne, die so wenig Haltung beweist, ist immerhin eine Seltenheit. Heute früh war ich auf dem Zollamt. Lotte hat uns aus Tientsin 400 Gramm Kakao geschickt; ich habe mich darüber im Interesse der Kinder sehr gefreut. Herrn Perle gesprochen, wir wollen am Sonntag gemeinsam auf den Friedhof nach Hundsfeld fahren, den ich noch nicht kenne. Immerfort dauern die Truppentransporte gegen Osten an!

14. Juni 1941; Sonnabend
. . . Heute vormittag hatten wir eine riesige Freude. Es kamen zwei sehr liebe Briefe von Wölfl, der letzte schon von Ende Mai, wie immer sehr herzlich, diesmal aber auch mit Nachrichten von Ernst und Ruth; er schildert das Wiedersehen der Geschwister . . .

15. Juni 1941; Sonntag
Heute früh war ich mit Herrn Eugen Perle, Frl. Blum (einem Gemeindebeamten), einem Herrn Neustadt und einem Herrn Levy auf dem jüdischen Friedhof in Hundsfeld, den ich noch nicht kannte; wir fuhren mit dem Auto bis zur evangelischen Kirche, dort erwartete uns ein Herr Langner, ein Arier, der von der Gemeinde aus den Friedhof betreut; der Friedhof umfaßt nur wenige Gräber und wird seit 80 Jahren nicht benutzt; er ist eine Stätte des Friedens und in keiner Weise je gestört worden; wir sagten auch das Gebet beim Verlassen des Friedhofes und gingen dann nach Wildschütz zu meinem alten Freund und Kriegskameraden Bluschke, der sich ganz so einstellte, wie er immer war. Er begrüßte mich mit »Heil Hitler, Herr Doktor!« Ich sagte ihm, daß ich mit ein paar jüdischen Freunden da wäre, und er sagte mir, daß ich im Garten Platz nehmen sollte! Wir bekamen Eier und Butterschnitten, Brause und Bier, alles ohne Marken . . .

17. Juni 1941; Dienstag
. . . In Haifa soll nach einem deutschen Bericht die Mole getroffen worden sein . . .
Im Beate-Guttmann-Heim, dessen Schicksal immer noch nicht entschieden ist, hat die 90jährige Frau Leipziger, eine Jugendbekannte meines seligen Vaters, Schwiegermutter des Herrn Taterka,

einen Selbstmordversuch gemacht! Wie schrecklich! Die Nerven der Menschen werden zermürbt!

18. Juni 1941; Mittwoch
Am Nachmittag bei Dr. Baeck in der Zimmerstraße, um den Bruder zu sprechen; er war aber nicht da, ich paßte ihn dann vor der Synagoge ab; ich soll morgen um 8.15 zu ihm in die Pension Brienitzer kommen. Die synagogale Feierstunde war durch die Rede von Baeck ein besonderes Erlebnis; seine Worte waren von tiefster Weisheit erfüllt. Er sagte, wenn einmal später ein objektiver Historiker die Juden in Deutschland beurteilen wird, so wird er sie preisen, weil sie durch diese Zeiten alles das durchgehalten haben: Schule, G'ttesdienst und Wohltätigkeit.
Früher, sagte er, hatten wir viel Sicherheit und wenig Gewißheit, jetzt haben wir die Gewißheit und wenig Sicherheit. Ich war sehr erhoben von dem, was er gesagt hat.
Unter den musikalischen Darbietungen hat mich das, was Benjamin Freund vorgetragen hat, mein alter Schüler, am meisten gepackt. Neben liturgischem vor allem die Arie aus dem Elias: »Dank Dir Herr«. Anita Lasker hat Cello gespielt . . .
Ich hatte heute eine große Freude. Das Berliner Palästinaamt hat mir durch Frl. Levy eine Bescheinigung geschickt, auf die hin ich für meine Familie einmal vom neutralen Ausland her ein Zertifikat bekommen würde ; man hat, und das hat mich mehr gefreut als alles Praktische, meine Verdienste um den Zionismus in warmen Worten anerkannt.
Politik: . . . 5000 Mann jüdische Truppen sind in Syrien eingesetzt, so muß nun unsere palästinensische Jugend auch bluten. G'tt beschütze sie und meinen Sohn!

19. Juni 1941; Donnerstag
Heute früh war ich um 8.15 bereits in der Pension Brienitzer, Charlottenstraße 7, um Rabbiner Dr. Baeck zu begrüßen, der mich für diese Zeit hinbestellt hatte; ich begleitete ihn dann zu seinen Brüdern auf der Zimmerstraße, und auf dem Wege dorthin hatte ich Gelegenheit, die verschiedenen Probleme mit ihm durchzubesprechen; er sagte mir auch die Gründe, warum die Reichsvereinigung jetzt in ihren Mitteln so sehr beschränkt ist, sie bekommt für jeden Monat nur einen bestimmten Betrag freigestellt; es waltet auch die Tendenz, für den Kultus nichts auszugeben, daneben möchte man auch die jüdischen Mittel zusammenhalten, wenn nach

dem endgültigen Siege die Juden auswandern müssen, was sehr viel Geld kosten wird. Außerdem will man uns natürlich auch das Leben nicht gerade leicht machen. Was meine Arbeit anbelangt, so sagte ich ihm, daß ich sie auch unbezahlt weitermachen würde; ich sagte ihm auch, daß es keinen Zweck hätte, sich mit der Einzelkorrektur der Arbeiten allzu viel Mühe zu geben, da ich sie immer wieder vornehme. Ich fragte ihn, ob man mit meinen Arbeiten sonst zufrieden wäre, was er durchaus bejahte. Viel Interesse zeigte er dafür, daß ich meine Lebenserinnerungen schriebe; er möchte sie gern lesen, vielleicht besteht auch eine Möglichkeit, ein Exemplar draußen sicherzustellen, jedenfalls werde ich ihm bald eins zuschicken. Es ist schade, daß man so selten Gelegenheit hat, sich mit einem Menschen ähnlicher Art zu unterhalten. Es waren jedenfalls sehr anregende Minuten. Ich fragte ihn auch nach dem Schicksal des Beate-Guttmann-Heims; es kommt nach Rothenburg in der Oberlausitz. Ich trug ihm meine Bedenken vor, er meinte aber, daß man für das Leben der alten Leute keine Besorgnisse zu haben brauche; es seien auch sonst Altersheime verlegt worden, und es sei noch nichts vorgekommen; anders sei dies bei den Geisteskranken. Von der Zimmerstraße fuhr ich nach dem Archiv; ich habe dort eine Zeitlang gearbeitet . . .

21. Juni 1941; Sonnabend
Gestern ist eine größere Sendung an die Forschungsabteilung abgegangen . . . Am Nachmittag den Thoraabschnitt gelernt; er handelt von den Botschaftern und der Unzufriedenheit der Juden. Wir haben es den Menschen, die uns führten, niemals sehr leicht gemacht! Ich will den Abschnitt heute noch einmal vornehmen. . . . Synagoge, wo ich leider zu spät kam; gestern wurde ein besonders schönes Lechodaudi gesungen. Der konservative G'ttesdienst war ziemlich schwach besucht . . . Zeitung: Es werden die Gründe zur Schließung der amerikanischen Konsulate in Deutschland bekanntgegeben; sie sind natürlich sehr fadenscheinig, aber der Abbruch der diplomatischen Beziehungen bedeutet den Krieg mit USA. Es wird nun auch der Rest der Erde in das Verderben hineingezogen. Alles ist ungewiß! . . . In der j. Zeitung las ich, daß der früher in Bad Landeck gewesene Sanitätsrat Lachmann gestorben ist. Der Ort war nicht angegeben, aber es dürfte wohl in Tiberias gewesen sein; so hat er ja das Ziel seiner Wünsche erreicht und ist im Lande der Väter gestorben . . .

22. Juni 1941; Sonntag
An einem Tage, der von größter Tragweite ist, beginne ich dieses Buch. Was nach den ungeheuren Truppentransporten, die in den letzten Wochen durch Breslau gingen, zu erwarten war, ist nun Gewißheit geworden. Es ist zum Kriege mit Rußland gekommen, und Deutschland steht nun einer ähnlichen Situation gegenüber wie 1914, nur mit dem Unterschied, daß seine Truppen über ein noch viel riesigeres Gebiet verzettelt sind. Wieder ist Deutschland mehr oder weniger eingekreist, und die Frage des Eingreifens der Vereinigten Staaten ist wohl nur noch eine Frage von Tagen! Wie viele Menschen werden nun ihr Leben lassen müssen! Die ganze Erde wird in dies Verhängnis hineingerissen! Noch weiß ich nichts Genaues über die Stellung Japans und die Türkei. Aber Rußland hat seine Kräfte geschont und setzt nun zum Sprunge an, wo Deutschland schon so viele Kräfte vertan hat. Alle die errungenen Erfolge verblassen nun! Die Proklamation des Führers ist in einem Extrablatt herausgekommen. Die Sprache ist viel mehr auf Moll abgestimmt, als wie das sonst in solchen Proklamationen der Fall ist. Natürlich wird das Ganze als jüdisch-bolschewistische Verschwörung dargestellt! Jedenfalls wird der Krieg jetzt erst richtig anfangen!
. . . Nun wird man sich jede Nacht mit dem Gedanken, in den Keller gehen zu müssen, vertraut zu machen haben. Aber im Grund kann man durch nichts erschüttert werden. Man ist auf alles gefaßt! . . .

23. Juni 1941; Montag
. . . Heute in der Bibliothek exzerpiert; dort Prof. Hoffmann gesprochen. Ich konnte bei der Entzifferung eines interessanten hebräischen Widmungsblattes helfen, das der Dombibliothek zugefallen war. Es handelte sich um ein Widmungsblatt für einen Pfarrer, auf dem ein Psalm stand, es war der schöne Psalm: Und tausend Jahre sind vor Dir wie ein Tag! . . .

26. Juni 1941; Donnerstag
Gestern vormittag im Archiv gearbeitet; mit Prof. Hoffmann gesprochen, der immer voll des wärmsten Interesses ist; er erzählte mir, daß die Bibliothek von Simonsohn jetzt auch bei Poppe verkauft wird. Wahrscheinlich hat sie irgendein Treuhänder dorthin verkauft . . . Hoffmann stellte mir dann den Pfarrer Paul Brettschneider aus Neu-Altmannsdorf vor, den ich schon sehr

lange aus der Literatur kenne und dem ich vor Jahren bei einer Exkursion des Vereins für Geschichte Schlesiens in Münsterberg begegnet bin. Wir unterhielten uns dann lange! Er schwärmte besonders von dem verstorbenen Kommerzienrat Pincus in Neustadt und sagte, daß er ihn zu den wertvollsten Menschen zähle, die er jemals kennengelernt habe. Wir gingen dann zusammen fort, und er entzifferte mir noch eine Inschrift, die sich in der Martinstraße befindet. Ich freue mich immer über jede wissenschaftliche Bekanntschaft, die ich mache; er kannte mich auch vor allem von dem Katalog der Ausstellung des Jüdischen Museums her . . .

. . . Im Augenblick ist eine große Gemüseknappheit und die »Volksgenossen« passen auf, daß möglichst nichts an uns verkauft wird; bei unserem Gemüsehändler dürfen wir außer Kartoffeln gar nichts mehr kaufen, und selbst am Wagen hat die Frau unserer Edith Schwierigkeiten gemacht, weil sie denunziert worden ist. Es gibt schon erfreuliche Zeitgenossen . . . Jetzt am Nachmittag schreibt mir Trudi die innere Geschichte der sizilischen Flotte unter Karl I. von Anjou ab; ein Exemplar möchte ich dem Kollegen Gräfe nach Berlin senden, der immer so viel Interesse für meine Flottenarbeiten gezeigt hat . . . Mein alter Schüler Martin Brasch (36 Jahre alt) ist in Berlin gestorben; Blutvergiftung; er war eine Zeitlang in Haft, weil eine kleine Inkorrektheit im Wohnungsdezernat der Gemeinde war.

29. Juni 1941; Sonntag
Gestern am Nachmittag noch an Materialien für die G. J. geordnet; später Frl. Witt Stunde gegeben . . .

6. Juli 1941; Sonntag
. . . Vorgestern kam von Wölfl ein sehr schöner Brief, so treu und auf alles eingehend. Von den palästinensischen Kindern stand keine neue Nachricht drin. Zeitung: Bis gestern waren die Deutschen schon in Smolensk. Man hat nicht den Eindruck, daß der Vormarsch so bald zum Stehen kommt . . .
. . . Furchtbare Kämpfe müssen im Osten sein. Ganze Städte gehen in Flammen auf. Und bei dem großen Leid kommt man auch über das eigene nicht hinweg . . .

8. Juli 1941; Dienstag
. . . Vormittags sprach ich Dr. Miodowski, der früher in Forst in der Oberlausitz war und der zu seinem Sohne zu Besuch kam. Er

lebt jetzt in Görlitz und konnte auch Günstiges vom Beate-Guttmann-Heim berichten, das jetzt in einem Dorfe bei Görlitz untergebracht ist . . . Politik: Czernowitz ist eingenommen worden, und doch glaube ich, daß trotz aller Fortschritte der Krieg gegen Rußland nicht zu gewinnen ist. Das Land ist zu groß! Die Zeitungen schüren hier sehr die Pogromstimmung, aber ich glaube nicht, daß das deutsche Volk sich verhetzen läßt! Die Verluste im Osten sollen ungeheuer groß sein!

9. Juli 1941; Mittwoch
. . . Politik: Der Vormarsch im Osten geht planmäßig weiter, aber das Land, seine klimatische Beschaffenheit macht große Schwierigkeiten. Sehr viele Menschen werden jammervoll zugrunde gehen! Überall führt man auch noch einen privaten Krieg gegen die Juden. So hat man aus Agram jetzt die meisten Juden zum Arbeitdienst auf eine Insel des Adriatischen Meeres gebracht! Und doch wird das jüdische Volk als solches diese Katastrophe überstehen!
Ein Komet ist am Himmel aufgetaucht. Immer haben Kometen und Katastrophen miteinander zu tun gehabt! Was wissen wir von den kosmischen Einflüssen auf die Seele der Menschen.

10. Juli 1941; Donnerstag
. . . Am Vormittag mit einem Paket für Frau Kohn in Weruschau auf der Post gewesen . . .

11. Juli 1941; Freitag
. . . Trudi hat am Nachmittag an meiner Flottenarbeit geschrieben; (innere Geschichte der sizilischen Flotte unter Karl I. von Anjou). Es ist da noch ein großes Stück Arbeit zu bewältigen, bis diese ganz fertig vorliegen wird . . .

12. Juli 1941; Sonnabend
Gestern vormittag mehrere Stunden für die neu übernommenen Abschnitte der Germania Judaica gearbeitet . . .

13. Juli 1941; Sonntag
Gestern vormittag habe ich ziemlich fleißig an dem Abschnitt 13 der Germania Judaica gearbeitet . . . Von 6 bis 7 gab ich Frl. Witt Stunde; wir sprachen weiter meinen Artikel Breslau durch; er macht ihr sehr viel Freude. Ganz begeistert war sie von den hebräischen Fotokopien. Susannchen hat jetzt auf dem Balkon viel

Kinderbesuch. Die Kinder, die schlechtere Wohnverhältnisse haben, kommen gern zu uns, aber für meine Frau ist dann der Betrieb doch ziemlich anstrengend. Gegen Abend kam dann noch Frl. Silberstein mit einer sogenannten Greuelnachricht. Beim Gauleiter sollen die Pläne zur Evakuierung der Breslauer Juden nach dem Generalgouvernement fertig liegen. Man kann natürlich nicht wissen, was an diesen Dingen wahr ist; man spricht davon, daß im Westen Deutschlands ganze Orte evakuiert werden sollen und daß man diese Menschen dann in die jüdischen Wohnungen einweisen will. Was an diesen Dingen wahr ist, weiß man natürlich nicht. Die Quelle, aus der es Frl. Silberstein hatte, schien mir ziemlich einwandfrei zu sein! Man kann ja nichts weiter tun, als mit G'ttvertrauen in die Zukunft blicken und höchstens ein paar kleine Gepäckstücke vorbereiten. Es ist eben eine katastrophale Zeit und es war immer zu erwarten, daß in dem Maße, wie die Deutschen Schläge erleiden, sie dies an uns auslassen würden! . . . Die französische Armee in Syrien muß kapitulieren; dadurch ist für Palästina die Situation wesentlich günstiger geworden und das Land wird eine Erweiterung nach Norden in seinen historischen Grenzen erfahren. Die Macht der Regierung in Vichy wird immer geringer! Aber alles werden zunächst die Juden bezahlen, die in der Hand der Deutschen als Pfand geblieben sind. Es kann natürlich auch sein, daß die Dinge sich rascher entwickeln. Die Zeitungen überbieten sich an Judenhetze, die aber wohl auf die Bevölkerung keinen so großen Eindruck macht!

14. Juli 1941; Montag
Gestern früh habe ich in der Frage der drohenden Evakuierung einen Brief an Baeck in seiner Eigenschaft als Vorsitzender der Reichsvereinigung gerichtet . . .
. . . Heute war ich das erste Mal wieder im Archiv, man hat sich sehr mit mir gefreut, daß ich wieder da war, am meisten wohl Mater Innocentia und Frau Jilek . . . ich habe ein paar Stunden dort gearbeitet . . . Ruth Gross hat mich nach Hause begleitet; da sie sehr jüdisch aussieht, ist es mir zum ersten Male passiert, daß man eine häßliche Bemerkung hinter uns machte, so etwa: »Diese verdammten Juden«. Lage: Die Stalinlinie ist durchbrochen und der deutsche Vormarsch wälzt sich weiter durch Rußland. Die Opfer werden gewiß riesig sein, aber darauf scheint es der deutschen Leitung nicht anzukommen. Und doch ist auch dieser Vormarsch noch kein Kriegsentscheid. Für unseren engeren Kreis ist es

ja nun vor allem von Bedeutung, ob es zu der geplanten Evakuierung der Breslauer Juden kommen wird oder nicht. Rabbiner Lewin hat die Mitteilung, die ihm Frl. Silberstein gemacht hat, sehr kühl entgegengenommen. Hoffen wir das Beste! . . .

15. Juli 1941; Dienstag
Gestern nachmittag war noch Eugen Perle da; naturgemäß sprachen wir auch über die Evakuierungsbefürchtungen, die den Vorstand schon lange beschäftigen. In Königsberg habe man diese Gefahr dadurch abwenden können, daß man noch 500 Zimmer aus dem jüdischen Wohnraum zur Verfügung gestellt hat. Man will hier eine ähnliche Maßnahme versuchen, weiß natürlich aber nicht, ob sie Erfolg hat. Nach dem Abendbrot bin ich noch mit Susannchen spazieren gewesen; wir waren bis zur jüdischen Wohnsiedlung Roonstraße gegangen . . .

16. Juli 1941; Mittwoch
. . . Am Nachmittag war Susannchen zum Spielen auf dem Friedhof Cosel; die Kinder spielen auf einem noch nicht benützten Teil des Friedhofes. Das ist das einzige, was uns geblieben ist. Die Kinder müssen, um auf den Spielplatz zu kommen, über den ganzen Friedhof; Susannchen war doch etwas beeindruckt.

17. Juli 1941; Donnerstag
Gestern vormittag erst einige Stunden an der G. J., gearbeitet, sodann in die Gemeinde gefahren, um mit Dr. Tallert wegen eventueller Privatkurse zu sprechen. Er meinte, daß ich mir einen Unterrichtserlaubnisschein besorgen müsse, und es ist nun zu überlegen, ob ich das tun soll! Auch Emil Kaim und Eugen Perle gesprochen. In der Frage der Verschickung weiß man nur, daß in Rothenburg bei Görlitz für 1000 Personen Raum geschaffen werden soll, die in einer Schuhfabrik beschäftigt werden sollen, und auch für 100 Familien! Am Nachmittag zu Prof. Görlitz gefahren, um mit ihm meine Lage durchzusprechen. Er fährt heute besonders zu Oberbaurat Stein. Ich sagte zu G., daß ich an sich grundsätzlich auf dem Standpunkt stände, man müsse das Schicksal seines Volkes teilen; er sagte, das sei auch richtig, aber andererseits liege es auch im allgemeinen Interesse, daß ich hier bleibe. Jedenfalls war er von einer außerordentlichen menschlichen Hilfsbereitschaft und schon dadurch, daß es noch so etwas gibt, war die Unterredung ein menschlicher Gewinn. Vor allem werde ich voraussichtlich am

kommenden Montag mit ihm noch eine Unterredung haben, da er Freitag und Sonnabend nach Posen fährt. Aus der Zeitung ist das für uns wichtigste, daß der Krieg in Syrien zu Ende ist. Die Franzosen haben da einen Waffenstillstand schließen müssen. Auf diese Weise hat Palästina auch einen Gebietszuwachs erfahren. In Rußland hält die Wucht des deutschen Angriffs noch weiter an!

18. Juli 1941; Freitag
Gestern vormittag wieder einmal im Archiv gearbeitet, dabei Prof. Hoffmann gesprochen und ihm von den Dingen erzählt, die in der Luft liegen; er hat mich für den nächsten Donnerstag zum Kaffee eingeladen; er wohnt im Kloster der Elisabethinerinnen auf der Antonienstraße.
Am Nachmittag tüchtig für die G. J. gearbeitet. Trudi hat etwas an der Arbeit über die sizilische Flotte unter den Anjous abgeschrieben . . . Zeitung: Tägliche Judenhetze. Kischinew in Bessarabien ist erobert worden, auch ein in der j. Geschichte traurig berühmter Ort. 9 Millionen Menschen sollen sich augenblicklich in der bisher größten Schlacht der Weltgeschichte gegenüberstehen.

19. Juli 1941; Sonnabend
Gestern nachmittag war Frl. Witt da, um sich einige von meinen Doubletten aus den Büchern herauszusuchen; sie half mir auch beim Entziffern der hebräischen Fotokopien; dadurch sind zwei Tafeln wieder identifiziert worden . . . Auch noch etwas beim G'ttesdienst gewesen; verschiedene Leute gesprochen: Eugen Perle, der mir erzählte, daß in München schon Baracken für die Juden gebaut wurden; es scheint sich also um eine Aktion zu handeln, die darauf abzielt, in ganz Deutschland die Juden aus ihren Wohnungen zu bringen; wann und wo weiß man nicht; ich bekam gestern von Rabbiner Baeck einen für den Augenblick beruhigenden Brief, aber man muß sich darüber klar sein, daß letzten Endes doch niemand von uns etwas Genaues weiß . . .

20. Juli 1941; Sonntag
Gestern vormittag eine ganze Zeit an dem neu übernommenen Abschnitt für die G J. gearbeitet; . . . später gab ich Frl. Witt Stunde . . .

21. Juli 1941; Montag
Gestern vormittag war ich mit Susanne und Tamara in der jüdischen Siedlung in der Roonstraße . . . Ich half einem Herrn Brauer bei der Schotenernte; wir rissen die Pflanzen heraus und taten die Schoten in einen Eimer. Etwas Landarbeit tut einem gut . . . Susannchen und Tamara haben sich sehr gut behagt und auch manches zu kosten bekommen, was jetzt ein großes Ereignis ist. Am Nachmittag für die G. J. gearbeitet. Die neu übernommenen Aufgaben interessieren mich doch sehr! Gegen Abend kam noch Frl. Fanny Cohn; sie ist nun auch beim Hilfsverein abgebaut worden und wegen ihrer Zukunft sehr in Sorge, denn sie hat ja noch ihre alte Mutter miternährt.

22. Juli 1941; Dienstag
Gestern vormittag in der Dombibliothek fleißig gearbeitet und besonders für Dresden und Sachsen eine Menge Material zusammengetragen! Am Nachmittag Barbier Müller, dann zu Prof. Görlitz, der mir folgendes berichtete: Er war in meiner Angelegenheit bei dem Oberbaurat Stein: da er ihn früh nicht sprechen konnte, war er in der Mittagsstunde noch einmal da. Görlitz sagte zu Stein etwa folgendes: er wünsche, daß ich von den Evakuierungsmaßnahmen aus der Wohnung zu allerletzt betroffen würde; Stein schloß sich dieser Auffassung an; er rief dann einen ihm bekannten Beamten bei der Preisstelle Judenmietsverhältnisse an, der ihm sagte, sie seien bei allen diesen Dingen lediglich ausführendes Organ, die Entscheidung liege bei der Preisstelle. Wer von den Juden jetzt eine wenig schöne Wohnung habe, der sei am besten dran; wenn eben eine Wohnung gefalle, würde sie zugewiesen! Jedenfalls war dem Oberbaurat Stein nichts davon bekannt und auch der anderen Stelle nicht, daß jetzt größere Evakuierungsmaßnahmen geplant seien, was mir eine Beruhigung vor allem ja auch im Interesse der Gesamtjudenschaft von Breslau ist. Ich war ganz gerührt über das Verhalten von Görlitz und auch von Oberbaurat Stein, der mich ja sehr selten gesprochen und offenbar einen günstigen Eindruck von mir erhalten hat. Schließlich, und das ist ja die größte Befriedigung für einen Gelehrten, macht objektive Forschung immer ihren Weg und findet auch heute noch in den »arischen« Kreisen Anerkennung. Vor allem habe ich mich über die menschliche Hilfsbereitschaft sehr gefreut. Das sind Lichtblicke in dieser Zeit. Görlitz erzählte mir auch noch, wie anständig sich der neue Bürgermeister von Breslau, Dr. Spielhagen, benommen

hat, als er in eine jüdische Wohnung eingewiesen werden sollte. Weniger Erfreuliches wußte er vom Schicksal der rumänischen Juden zu berichten. Sein Neffe, Oberleutnant der Flugwaffe, schrieb, es sei geradezu eine Schlachterei, die man dort veranstalte. Schaurig! Zeitung: Immer weitere »Siege« im Osten, während anscheinend im Westen alles zerstört wird. In Münster in Westfalen soll nur noch eine Kirche stehen! In Schweidnitz mußte wieder ein Kloster der Ursulinen, das 80 Schwestern beherbergt, geräumt werden . . .

23. Juli 1941; Mittwoch
Gestern vormittag bin ich mit Trudi einmal an die Luft gegangen; man muß, solange es noch Sommer ist, wenigstens ab und zu ein Feriengefühl haben . . .
Dresdner Bank, dann noch zur Schulverwaltung gefahren wegen eines Unterrichtserlaubnisscheines. Da der betreffende Beamte auf Urlaub ist, kann ich erst in der nächsten Woche wieder hingehen . . . Am Nachmittag fleißig für die G. J. gearbeitet, nach dem Abendbrot die Lebensmittelkarten von Frl. Silberstein geholt; ich persönlich habe keine bekommen, weil ich Auslandspakete erhalten habe; in Wirklichkeit habe ich nur einmal 400 Gramm Kakao in letzter Zeit bekommen. Jedenfalls muß ich dann morgen zur Bezirksstelle laufen und werde dadurch wertvolle Zeit verlieren! Man versucht, uns das Leben immer mehr zu erschweren . . .

24. Juli 1941; Donnerstag
Gestern vormittag ziemlich fleißig an der G. J. gearbeitet . . . Am Nachmittag brachte Frl. Cohn die sehr traurige Nachricht, daß R. A. Polke in Haifa von einer Fliegerbombe getötet worden ist. Ein schreckliches Ende! Erst für die Deutschen Frontsoldat im Weltkrieg, dann von den Deutschen nach Buchenwald geschleppt und schließlich von einer deutschen Fliegerbombe in Erez Israel getötet. Bitter . . . Post: Ein sehr lieber Brief von Erna mit guten Nachrichten von Wölfl . . .

25. Juli 1941; Freitag
Gestern früh zur Markenausgabe, um mir meine Lebensmittelkarten abzuholen; abgezogen wurde mir für den chinesischen Kakao nichts; aber das Stehen strengte mich sehr an; leider haben sich meine Rassegenossen wenig diszipliniert benommen, so daß, wie ich abends von Herrn Förder hörte, die Gestapo angerufen und um

Entsendung eines Schutzmannes gebeten werden mußte. Traurig. Als ich von der Markenausgabe herauskam, traf ich Emil Kaim, der ja Vorstandsmitglied der Synagogengemeinde ist und sagte ihm, daß es gut wäre, von seiten der Gemeinde jemanden herzuschikken, aber er hat offenbar nicht darauf gehört. Dann in das alte Elisabethgymnasium; dort den Stadtarchitekten Dubiel wegen des hebräischen Grabsteins gesprochen; er hat noch einmal den Fotografen angeläutet und er hat zugesagt, nun das Bild fertig zu machen. Dann habe ich mir etwas Eis zur Erfrischung gegönnt, und noch etwas in der Dombibliothek gearbeitet. Am Nachmittag war ich bei Prof. Hermann Hoffmann zum Kaffee eingeladen; Prof. Hoffmann ist im Ruhestand lebender katholischer Geistlicher und wohnt in dem Kloster der Elisabethinerinnnen auf der Anthonienstraße. Welche Ruhe und Sauberkeit ist in einem solchen Kloster! Ich kenne ja noch die Atmosphäre von Trebnitz her! Es war ein sehr schöner Nachmittag. Die Hauptsache war nicht, daß es echten Bohnenkaffee mit dick gestrichenen Buttersemmeln und Zwiebakken gab; es war so eine schöne geistige Atmosphäre, wir sprachen viel über wissenschaftliche Arbeiten. Auch Bücher tauschten wir; ich schenkte ihm ein vollständiges Machsor, über das er sich sehr gefreut hat; von ihm bekam ich sein großes Werk über die Geschichte der Jesuiten in Schweidnitz und noch manches andere, darunter die Dissertation von Simonsohn!

. . . Prof. Hoffmann sagte mir noch das Grausige, kaum Faßbare, daß in Lemberg 12 000 Juden erschossen worden seien. Die SS soll das gemacht haben.

26. Juli 1941; Sonnabend
Gestern nachmittag für die G. J. gearbeitet, eine Zeitlang war auch Frl. Witt wegen der hebräischen Fotokopien da; sie hat aber nichts herausbekommen. Trudi hat fleißig an der Flotte Karls I. geschrieben; Barbier Müller, Storchsynagoge; dort war ziemlich trübe Stimmung; am Donnerstag müssen 51 Juden nach Tormersdorf bei Rothenburg unweit Görlitz übersiedeln; zehn Wohnungen sind gekündigt worden; das ist der Anfang der Aktion, wie dem Gemeinde-Vorsitzenden Dr. Kohn bei der Gestapo gesagt worden ist. Diese Behörde will das offenbar nicht, es kommt dies von einer anderen Seite. Die Begründung ist wohl immer der Bedarf an Wohnungen . . . Lebensmittel dürfen wir jetzt nur von 11 bis 13 Uhr einkaufen. So bringt jeder Tag neue »Restriktionen«. Der (Zug) der Rache gegen die Juden! . . .

27. Juli 1941; Sonntag
Gestern vormittag einiges für die G. J. gemacht. Für den Abschnitt Sachsen-Thüringen steht ein reiches Material zur Verfügung . . . Auch am Nachmittag an der G. J. und etwas an der Entzifferung der hebräischen Fotokopien gearbeitet . . . Lage: Im Augenblick besonders wichtig: USA – Japan; auch geht Nordamerika jetzt sehr energisch gegen die ds. Agenten in Südamerika vor. Im Osten versucht Deutschland, die Russen von der Regierung zu trennen. Ich glaube aber nicht, daß es Deutschland gelingen wird, den Krieg vor Beginn des Winters zu beenden.

28. Juli 1941; Montag
Gestern vormittag an der G. J. gearbeitet. Später auf dem Friedhof gewesen, das erste Mal nach so langer Zeit. Draußen ist jetzt viel Unkraut, weil ja keine Arbeiter mehr beschäftigt werden dürfen . . . Am Nachmittag wieder an der G. J. gearbeitet . . .

29. Juli 1941; Dienstag
Gestern vormittag wieder im Archiv gearbeitet und eine Menge Material für den Bezirk Sachsen gefunden; wenn man eine solche Arbeit vor hat, dann läßt sie nicht los. Heute fährt die Mater Huberta auf Urlaub; dann wird es in den nächsten Wochen noch behaglicher sein . . .

30. Juli 1941; Mittwoch
Gestern vormittag erst für mich gearbeitet, dann mit Trudi nach Scheitnig gefahren; es war sehr schön und erholsam, besonders im alten Teil gewesen, am Schiller-Denkmal gestanden, sein herrliches Gesicht bewundert, es gibt doch noch ein edles deutsches Wesen . . . Am Nachmittag tüchtig für die G. J. gearbeitet; dann zu Hedwig Bermann, sie wohnt sehr hübsch auf dem Museumsplatz bei Frau Apotheker Schmidt. Der Hinterhof geht auf das Freundegrundstück. Die Witwe des Kunstmalers Laboschin war auch da. Alte Erinnerungen stiegen da auf . . .

31. Juli 1941; Donnerstag
Gestern vormittag Schulamt, wo ich wegen des Unterrichtserlaubnisscheines zu einem netten Beamten kam, der mir sagte, was ich für Formalien auszufüllen hätte, um zu diesem Schein zu kommen. Es sind eine ganze Menge. Vor allem muß ich auch ein polizeiliches

Führungszeugnis haben. Doch macht das keine Schwierigkeiten. Archiv . . .

1. August 1941; Freitag
Gestern früh Archiv; ziemlich viel Material für die G. J. gefunden, kurz den Direktor gesprochen, über die allgemeine und meine persönliche Lage! Wir waren uns in der Beurteilung ziemlich einig! Im Osten scheint es nicht recht vorwärts zu gehen und es wird dort sicher zum Stellungskrieg kommen. Am Nachmittag an der G. J. gearbeitet, den Artikel »Meiningen« geschrieben; ich komme nun ganz gut in den Abschnitt Thüringen hinein.
Die erste Gruppe der Breslauer Juden für Tormersdorf ist gestern mit dem planmäßigen Zuge abgefahren; auch Frau Heti Cohn war dabei, die einstmals im Vorstand der sozialen Gruppe eine Rolle gespielt hat. Niemand kann wissen, ob die Juden von Tormersdorf nicht eine bessere Zukunft haben werden als wir; alles ist ungewiß. Im Krankenhaus Wallstaße ist eine Frau Schreiber zum Fenster herausgesprungen, tot. Die Nerven versagen eben bei manchen! . . .

2. August 1941; Sonnabend
Gestern nachmittag für die G. J. gearbeitet, dann war Frl. Witt da und hat sich mit den hebräischen Fotografien beschäftigt; langsam geht die Entzifferung weiter. Zum G'ttesdienst gegangen . . . Nachher noch die Lage mit Herrn Eugen Perle besprochen; noch immer werden Wohnungen mit kürzester Frist gekündigt. Es ist ein Brief des Gemeindevorstandes an mich unterwegs; ich soll nun die Fürsorge für das Archiv übernehmen. Halpersohn ist pensioniert worden . . . Mit Lotte Littwitz nach Hause gefahren; sie ist in der Papierfabrik in Sacrau beschäftigt und hat sich über die Vorgesetzten nicht zu beklagen . . .
Heute ist Tichobeav, aber wegen des Sabbats ist er auf Sonntag verlegt; er war immer ein Tag des Leides in unserer Geschichte. Heute vor 27 Jahren brach der Weltkrieg aus! . . .

3. August 1941; Sonntag
Gestern vormittag eine ganze Menge für die G. J. exzerpiert . . . Am Nachmittag für die G. J. noch etwas gearbeitet. Dann noch mit Frl. Witt gearbeitet, die Geschichte des Friedhofs Claassenstraße mit ihr durchgesprochen; sie will heute mit einer Bekannten dorthin gehen! Tischobeav! Ich habe gestern die »Echas« noch im Bett

gelesen und will heute die Kinnoth lesen! Dann später will ich auf den Friedhof Lohestraße gehen . . . Ein ehemaliger Mitschüler meines Sohnes Ernst, Benno Zadik, ist wegen Rassenschande, schwerer Körperverletzung und Diebstahl zum Tode verurteilt worden! . . . Aus den Berichten über den Osten geht hervor, wie sehr man die Wut an den Juden ausläßt. Besonders in Bialystok scheint man sich furchtbar ausgetobt zu haben, auch in Czernowitz ist die Synagoge ausgebrannt.

4. August 1941; Montag
Gestern vormittag habe ich erst mehrere Stunden für mich gearbeitet, dann war ich auf dem Friedhof, wo anläßlich des Tichobeavs sehr viele Menschen waren! . . .
Abends noch etwas spazierengegangen und auf der Bank an der Endstation gesessen. Von einem Straßenbahnwagen aus angepöbelt worden, d. h. eine Frau sagte zu einer anderen: »Ein richtiges Mördervolk, die Zeit wird noch einmal kommen, wo man niemanden von ihnen mehr sehen wird.« Die andere Dame hat übrigens kein Zeichen der Zustimmung gegeben.

5. August 1941; Dienstag
Gestern früh im Archiv gearbeitet und ein schönes Material für Wiehe in Thüringen zusammengetragen, das ich am Nachmittag ausgearbeitet habe . . .

6. August 1941; Mittwoch
Gestern nachmittag tüchtig an der Germania Judaica gearbeitet. Zwischendurch war Herr Förder einen Augenblick da, um mir einen Gruß von Georg Wiener aus La Paz, früher Oppeln, auszurichten; er hatte seinerzeit viel über die Geschichte der Juden in Oppeln gearbeitet . . . Heute ist Ernst 22 Jahre, was gäbe ich darum, wenn ich noch einmal den Kindern draußen am Vorabend ihres Geburtstages ein gutes neues Jahr wünschen könnte, aber das ist nun wohl vorbei, und wer weiß, wann es wiederkommt! Aber die Hauptsache ist, daß es ihnen gutgeht!

7. August 1941; Donnerstag
Gestern früh etwas für die G. J. gearbeitet, den Artikel Dresden zu schreiben begonnen, zur Post gegangen, um ein großes Paket an Frau Kohn nach Weruschau zu schicken, dann nach dem Gemeindehaus gefahren, um die Arbeit im dortigen Archiv zu beginnen.

Mit Dr. Tallert, dem Syndikus, alles besprochen; ich werde immer zweimal in der Woche hingehen, Dienstag und Donnerstag. Felix Perle gesprochen und Emil Kaim. Aus Berlin kam gerade die Nachricht, daß männliche Juden zwischen 18 und 48 Jahren nicht mehr auswandern dürfen. Der Grund zu dieser Verfügung ist nicht bekanntgegeben worden. Mit R. A. Jacob gesprochen und R. A. Zucker, der auch im Archiv hilft; es ist sehr trostlos in einem Keller untergebracht; es fehlt außer den Akten eigentlich alles, was den Namen Archiv verdient. Hoffentlich gelingt es mir, da einigermaßen menschenwürdige Zustände herzustellen. In dem ersten Aktenstück, das ich zur Hand nahm, aus der Repräsentantenversammlung stammend, fand ich die Unterschrift meines Vaters (1894), damals war er noch jünger als ich heute bin . . .
Zur Lage: Gestern kamen viele Sondermeldungen heraus, die über die Lage berichteten. Im wesentlichen eine Zusammenfassung. In der Ukraine ist eine neue Vernichtungsschlacht im Gange. Gestern mittag besuchte mich ein alter Volkshochschüler, der auch gleichzeitig bei uns Monteur ist; sein Sohn steht auch im Osten. Es soll ein grausiges Blutbad sein; alle politischen Kommissare werden gleich nach der Gefangennahme getötet. Der Krieg nimmt immer unmenschlichere Formen an. Ich hörte auch mancherlei von der Stimmung in den Betrieben. Aber die Kantinenverpflegung klappt noch sehr gut! Wann wird dieser Krieg zu Ende sein . . .

8. August 1941; Freitag
Gestern vormittag im Diözesanarchiv gearbeitet, auch Direktor Engelbert kurz gesprochen, er gab mir eine außerordentlich aufschlußreiche Predigt des Bischofs von Münster zu lesen, die dieser in der dortigen Lambertikirche Mitte Juli gehalten hatte. Es gibt noch mutige Menschen. Sie richtete sich vor allem gegen das System der administrativen Verhaftungen . . .
. . . Gestern haben wieder über 100 Breslauer Juden den Umzugsbefehl nach Tormersdorf bekommen. Wer davon betroffen ist, wissen wir noch nicht. Es sollen wieder eine ganze Anzahl Familien von der Roonstraße dabei sein. Niemand kann heute wissen, was für den einzelnen zum Guten ist. Heute habe ich Meldetag bei der Gestapo; auch will ich zur Schulverwaltung wegen des Unterrichtserlaubnisscheines gehen.

9. August 1941; Sonnabend
Gestern früh Schulverwaltung wegen Unterrichtserlaubnisschein; ich kam zu einem sehr netten Beamten; ich werde den Schein voraussichtlich innerhalb von 14 Tagen haben; dann war ich noch bei dem Stadtsekretär Spiess, um mich wegen des sogenannten Einbehaltungsbetrages zu unterrichten. Es war das ein Abzug, der in früheren Jahren gemacht worden war. Spiess sagte mir, daß dieser Betrag für Juden jetzt gänzlich gestrichen worden ist. Wieder ein neuer Raub! Dann hatte ich noch Zeit bis zum Meldetermin bei der Staatspolizei. Inzwischen bei Frl. Passia ein Buch getauscht. Bei der Meldung ging alles glatt; es wurde nach nichts gefragt; es war ein anderer Beamter da, der einen sehr wenig erfreulichen Eindruck machte, man kann aber da wohl nichts anderes verlangen! Gestern hat wieder eine größere Anzahl Juden den Befehl zum Abzug bekommen, es sieht doch so aus, als ob die Evakuierung der Breslauer Juden nun in einem sehr raschen Tempo vorwärtsgetrieben würde. Nun man muß hinnehmen, wie es kommt . . . Heute ist Schabbos Nachamu! Möchte auch er mir ein wenig Trost geben und unserem ganzen gequälten Volke. Zur Lage: Die Deutschen melden zwar weiter Siege aus der Ukraine, aber die internationale Lage spitzt sich für sie immer mehr zu. Die südamerikanischen Staaten haben sich der Politik von Roosevelt gebeugt; die Condorlinie z. B. bekommt keinen Brennstoff mehr aus dem Iran, so verlangt England und Sowjetrußland, sollen alle Deutschen ausgewiesen werden – alles werden wir Juden im Inland bezahlen.

10. August; 1941; Sonntag
Gestern nachmittag waren Frl. Witt und Herr Pakulla da, wir haben zusammen 1½ weitere Blätter der hebräischen Fotokopien entziffert.
Am Abend Trudi nach etwas aus der Bibel vorgelesen . . .
Heute vormittag kam Dr. Reimitz . . . In Tost hat er es ganz gut; in diesem Lager ist Alfred Brück aus London interniert . . . Den Internierten dort scheint es ganz gut zu gehen; er meint, daß dieses Lager in ganz Europa berühmt ist . . . Am Nachmittag mit Tamara spazierengegangen; in der Roonsiedlung gewesen und eine Zeitlang in der Laube bei Frau Oppenheim gesessen. Ein reines Vergnügen ist es nicht, weil die Gespräche immer wieder sich um die Evakuierung drehen und diese Gespräche doch zu nichts führen. Den alten Schampanier gesprochen, der nun weit über 80 ist und der einstmals Schammes an der neuen Synagoge (gewesen) ist.

11. August 1941; Montag
Heute früh zum Archiv gefahren und tüchtig gearbeitet; teils dort, teils am Nachmittag hier den Artikel Quedlinburg geschrieben.

13. August 1941; Mittwoch
Gestern habe ich das erste Mal im Gemeindearchiv richtig gearbeitet; es ist ja in dem Keller ein wenig erfreulicher Aufenthalt; ich habe auch beim Aktenordnen vier Stunden stehen müssen; aber die Arbeit selbst hat mich sehr interessiert. Ich konnte feststellen, daß schon mein Großvater Repräsentant der Breslauer Gemeinde gewesen ist. Ich sah dabei zum ersten Male seine Unterschrift »Julius Hainauer«; auch den Nachruf auf meinen Vater fand ich in den Akten; so diene ich der Gemeinde nun schon mindestens in der dritten Generation. Mit Rechtsanwalt Jakob zusammen gearbeitet; auch seine Frau war zeitweise da; dann ordnen da unten auch die beiden Baumeister Ehrlich ihre Zeichnungen. Wir sprachen viel von alten Zeiten. Sie haben ja für uns schon das Trautnerhaus gebaut und das Erbbegräbnis auf der Lohestraße. Am Nachmittag den schwierigen Artikel Halberstadt für die Germania Judaica geschrieben . . .

14. August 1941; Donnerstag
Gestern früh Domarchiv, tüchtig für die G J. gearbeitet . . . Der Ernährungsminister Darré ist abgesägt worden, weil er die Lage zu günstig dargestellt hat. Man spricht davon, daß am 1. September die Lebensmittelrationen herabgesetzt werden sollen.

15. August 1941; Freitag
Gestern vormittag ins Archiv gegangen . . . Die Arbeit im Archiv strengt mich sehr an, da ich da stehen muß, um die Akten zu ordnen! Aber andererseits habe ich da auch große Freude. Ich habe jetzt das Verzeichnis sämtlicher Stammnumeranten gefunden, eine der wichtigsten Quellen zur Breslauer Gemeindegeschichte. Die äußeren Bedingungen dieses Arbeitsraumes im Keller sind ziemlich trostlos . . . Susanne hatte übrigens gestern ein eigenartiges Erlebnis. Ein verwundeter Soldat bat sie, ihn ins Wenzel-Hanke-Krankenhaus zu begleiten; er hat sich die ganze Zeit auf sie gestützt. Das Kind hat etwas sehr Vertrauenerweckendes. Gestern vormittag war Prof. Klawitter aus Trebnitz da, um sich nach mir zu erkundigen; er hatte von den Evakuierungsdingen gehört. Sehr anständig! Das wird ja auch von den meisten nicht gebilligt. Durch das hiesige

Radio soll gestern das folgende angesagt worden sein: »Es würde von Amerika aus verbreitet; die Juden würden aus Breslau evakuiert; das ist unwahr; die Juden begeben sich freiwillig aufs Land.« Welche Verlogenheit. Es wird jeder einzelne gezwungen eine Erklärung zu unterschreiben, daß er freiwillig aufs Land geht . . . Der »Mundfunk« erzählt, daß Göring abgesägt worden sei. Die entscheidenden Leute sollen Himmler und sein Schwager, der Generalstabschef Keitel, sein. Was an diesen Gerüchten wahr ist, vermag ich nicht zu ermessen. Jedenfalls ist die Stimmung im deutschen Volke doch sehr gesunken.

16. August 1941; Sonnabend
Gestern nachmittag mich mit dem Thoraabschnitt befaßt, der wieder sehr schön war, wie alles aus Dewarim. Etwas auch für die G. J. gearbeitet. Synagoge, vorher noch mit Herrn Eugen Perle gesprochen, ihm auch meine Wünsche hinsichtlich des Archivs vorgetragen . . .
50 junge jüdische Leute, die man aus den Niederlanden am 8. November 1940 herausgeholt hat, sind im Lager in Linz am »Herzschlag« gestorben. Überall Mord.

17. August 1941; Sonntag
Gestern vormittag Bank, wo man mir sehr zureden wollte, Schatzanweisungen zu kaufen, was ich aber im Hinblick auf unsere jüdische Lage ablehnte. Ich sagte dem stellvertretenden Bankvorsteher, daß ich im vorigen Kriege für viele Zehntausende Kriegsanleihe gezeichnet habe, daß ich es auch jetzt täte, wenn unser Schicksal nicht so ungewiß wäre . . . Bei Haupt und Hoffmann gewesen; wir Juden bekommen ja pro Monat nur einen Zentner Kohle!! Am Nachmittag noch einen kleinen Artikel für die G. J. fertiggemacht . . . Später Frl. Witt noch eine Stunde gegeben . . .
Zur Lage: Catania ist nach dem italienischen Heeresbericht sehr bombardiert worden. Hoffentlich ist meinen Freunden Libertini und Frau Nascelli nichts passiert; auch um das Schicksal meines Manuskriptes des Normannenbuches und der italienischen Ausgabe des Hohenstaufenbuches bin ich besorgt . . .
Heute vormittag mit Susanne ins Freie gefahren . . . Wir trafen Mutters altes Frl. Grete, die jetzige Frau Walter, mit ihrem Manne, der auf Wochenendurlaub aus Kattowitz da war; sie hat sich mit größtem Interesse nach allen erkundigt. Gesundheitlich machte sie einen ganz guten Eindruck! Wir sprachen auch über die Gesamt-

lage. In Kattowitz ist das Leben sehr teuer; eine Wohnung haben sie noch nicht gefunden. Sie tragen sich mit dem Gedanken, ein kleines Häuschen irgendwo zu kaufen . . . Am Nachmittag kam dann Großmutter Proskauer mit einer sehr guten Nachricht. Von Hanne ist ein Rot-Kreuz-Brief gekommen von Mai oder Juni, an den auch Ernst angeschrieben hat. Ich bin sehr glücklich darüber. Seit langer Zeit wieder einmal eine von ihm geschriebene Zeile . . .

18. August 1941; Montag
Heute früh schon um 8 Uhr auf dem Finanzamt Mitte; man hatte mich wegen der Schenkung zur Abgabe einer Vermögenserklärung nach dem Stande vom 1. 1. 1941 aufgefordert; dann zur Dombibliothek gefahren, wo ich heute verschiedenes besonders wertvolles Material für meine Arbeiten fand. Vor allem hatte ich auch eine ganze Menge Bücher von der U. B. bekommen. So werden die übernommenen Aufsätze Fortschritte machen. Die Mater Huberta ist vom Urlaub zurück; dadurch ist es im Benutzersaal nicht mehr so angenehm wie in den Wochen vorher, weil man ihr so wenig trauen kann. Nach Tisch hatte Trudi mit Susanne eine große Aufregung . . . Ein arischer Junge aus dem Hause, der seit einiger Zeit kommt, hat zu ihr gesagt, wir seien Spione. Es gibt jetzt schon feine Menschen! Wahrscheinlich will man uns hier herausquetschen. Wenn nicht bald eine Gesamtänderung eintritt, so kann es schon möglich sein, daß die Bemühungen der treuen Volksgenossen Erfolg haben.

19. August 1941; Dienstag
Gestern nachmittag für die G. J. gearbeitet. Artikel Bremen vorbereitet . . .

20. August 1941; Mittwoch
Gestern vormittag im Gemeindearchiv gearbeitet, mit H. Jakob zusammen wenigstens äußerlich etwas Ordnung gemacht; so sieht es nun schon menschlich aus . . . Als ich aus dem Archiv wegging, sprach ich Herrn Perle, der mir erzählte, daß schon wieder eine Liste von 120 Personen vorliegt, die nach Tormersdorf verschickt werden sollen. Ich bin nicht dabei; Herr Perle meinte auch, daß ich von seiten der Gemeinde reklamiert werden würde; ob man sich allerdings damit die Wohnung erhalten würde, bleibt zweifelhaft. Am Nachmittag noch etwas für die G. J. gearbeitet . . .

21. August 1941; Donnerstag
Gestern vormittag ins Domarchiv gefahren, dort sehr feines Material für Erfurt gefunden . . . Am Nachmittag eine große Sendung an die Lehranstalt abgefertigt. Zwischendurch kam ein Herr mit dem goldenen Parteiabzeichen, um sich die Wohnung anzusehen; es war ein ordentlicher Mann und er wird sie nicht nehmen. Aber wenn eben einmal ein anderer kommt, dann bin ich die Wohnung los. Ich habe gestern abend in dieser Angelegenheit noch an Prof. Görlitz geschrieben.
Zeitung: Pest in Haifa und am Suezkanal. Ein großer Brand im Hafen von Brooklyn. Wer mag ihn angezündet haben?

22. August 1941; Freitag
Gestern früh pünktlich um 8 Uhr im Gemeindearchiv gewesen und vier Stunden gearbeitet, vor allem die Akten über die Gemeindebeiträge, die mit dem Jahre 1800 beginnen, geordnet. Auch da findet man viel Interessantes personeller Art! Frl. Silberstein hat mich besucht. Auch Eugen Perle war da, um sich die Zustände anzusehen; er hat viel Interesse. Reg.-Baumeister Ehrlich hat mit einem Zimmermann eine Besichtigung vorgenommen, und ich hoffe, daß nun das Notwendigste in dem Raume gemacht werden wird. Nach Tisch sehr aufgeschreckt, wir bekamen einen Zentner Kohle, der in die Küche geschüttet wurde; ich schrak vor dem Knall auf. Am Nachmittag war Rabb. Ernst Hoffmann wegen der hebräischen Fotokopien da, später der frühere R. A. Wallfisch wegen hebräischer Bücher . . .
Zur Lage: Im Osten werden immer weitere Siege gemeldet und doch werden sie den Endsieg nicht bringen. Die kubanischen Konsulate sind wegen »Spionage« geschlossen worden. Für viele Juden endet damit wieder eine Auswanderungsmöglichkeit.

23. August 1941; Sonnabend
Gestern vormittag eine größere Sendung für die Lehranstalt fertiggemacht. Am Nachmittag sehr schöne Archivalien, die mir Frl. Cohn mitgebracht hatte, in meine Sammlung eingereiht; sie reichen zum Teil bis in die Zeit Friedrichs des Großen zurück. Das älteste Stück ist aus dem Jahre 1742, beinahe 200 Jahre alt. Synagoge; auf dem Nachhauseweg noch ein Stück mit den Herren Perle und Förder gegangen, dann mit Anita Lasker und Suse Pinkus, Freundinnen von Ruth. Anita Lasker arbeitet nun auch in der Papierfabrik Sacrau und muß die gelbe Binde tragen. Man fragt sich, ob die

Gemeinde nicht durch Aufrechterhaltung der höheren Schule hätte verhindern können, daß so junge Mädchen zum Arbeitseinsatz kommen ... Suse Pinkus arbeitet in der Nervenabteilung des Krankenhauses ... Gestern sagte mir der stellvertretende Bankvorsteher, daß die schlesische Tageszeitung nicht alle Todesanzeigen aufnehmen darf, nur einen bestimmten Prozentsatz. Er erzählte mir auch von den schweren Verwundungen. Man spricht jetzt in den arischen Kreisen davon, daß man gar nicht Rußland erobern will, nur die Ukraine. Die Trauben sind sauer und auf dieser Basis wird Rußland nie Frieden machen; ich glaube, daß doch die Aussichten für Deutschland sehr schlecht stehen.
Jüdischer Bericht: Die Regierung hat von der Reichsvereinigung etwa 100 000 Mark für Barackenbau angefordert, davon wird sicherlich auch ein Teil auf Tormersdorf entfallen; am Montag geht ein zweiter Transport dorthin ab; Herr Saul, der Leiter von dort, ist hier, um ihn abzuholen. Man kann nie wissen, was zum Guten ist.

24. August 1941; Sonntag
Gestern vormittag erst etwas für die G. J. gearbeitet ... Die Großmutter Proskauer war bei uns; ich finde sie sehr müde. Wie allen Breslauer Juden, so geht auch ihr die Verschickung nach Tormersdorf sehr durch den Kopf. Am Nachmittag den Artikel Bremen für die G. J. fertiggemacht. Ich war sehr erschüttert, als ich in der Zeitung las, daß mein Schüler Ulrich Ermold als Leutnant gefallen ist. Er war der besten einer, ein wirklich edler deutscher Typ! Auf den großen Fahrten hat er sich stets rückhaltlos für die Gemeinschaft eingesetzt, und so ist er auch für ein Ideal gefallen. Der Krieg ist oft eine negative Auswahl. Furchtbar müssen die Verluste im Osten sein. Der deutsche Heeresbericht meldet ja immer wieder die Eroberung von Orten oder besser von Trümmerhaufen, aber das will nichts besagen. Auf den Eisenbahnwagen, auch aus Briefen aus dem Generalgouvernement, sieht man das V-Zeichen. Es soll Viktoria heißen, vielleicht bedeutet es auch verloren. Vorschußlorbeeren!
Heute vormittag war ich mit Susanne und Tamara in Oswitz ... Nun zeige ich schon dem fünften Kind die Umgebung von Breslau, aber man merkt doch, wie man älter und müder wird! ...

25. August 1941; Montag
Gestern abend noch etwas spazierengegangen. Bei dieser Gelegenheit Ruth Goldberg zu einem Spaziergang abgeholt ... Sie ist mit

ihren 17 Jahren jetzt auch im Arbeitseinsatz, sie arbeitet bei einer Konfektionsfirma im Greifenhaus auf dem Ring und ist mit Verdienst und Behandlung zufrieden; sie muß dort zehn Stunden nähen, mit einer Viertelstunde Frühstückspause, eine halbe Stunde Mittagspause. Auch die Witwe von Theodor Cohn arbeitet dort . . . Ihre palästinensische Zukunft hat ihr Dr. S. durch zu große Rigorosität bei der Untersuchung vermanscht; wenn sie zehn Stunden Konfektionsnähen aushält, hätte sie auch die Hachscharah ausgehalten. Heute früh Dombibliothek, viel Material für Magdeburg gefunden . . . Gerüchteweise wird berichtet, daß auf Befehl eines SS-Führers 7532 Juden und Bolschewisten hinter der Front in einer Woche erschossen worden seien. Der Generalfeldmarschall Bock habe es abgelehnt, diesem SS-Führer das EK I zu verleihen; noch sei es nicht Sitte, einen Henker damit auszuzeichnen. Was an diesen Dingen wahr ist, vermag ich nicht zu ermessen, aber man kann es sich schon vorstellen!

27. August 1941; Mittwoch
Gestern vormittag im Gemeindearchiv gearbeitet; so sehr mir die Arbeit als solche Freude macht und so sehr ich bedaure, an dieses Material nicht schon vor Jahren herangekommen zu sein, so unangenehm ist es in diesem Keller; allerdings wird er jetzt ordentlich gemacht; gestern waren die Zimmerleute bei der Arbeit, auch der Töpfer war schon da. Dann noch nach der Sandinsel wegen Pfifferlingen gefahren, die ich auch bekam. Am Nachmittag einige sehr schwierige Artikel für die G. J. gemacht . . . Heute früh im Domarchiv gearbeitet . . . In der Politik ist das hauptsächliche Ereignis die Besetzung Irans durch Rußland und England, die nun im Gange ist . . .

28. August 1941; Donnerstag
Gestern nachmittag eine größere Sendung an die Lehranstalt zur Absendung gebracht . . .
Heute vormittag im Gemeindearchiv gearbeitet, vornehmlich Akten über die neue Synagoge in der Hand gehabt und dabei auf Spuren des Vaters und seines gütigen Wesens gestoßen. Er hat einmal einen Antrag auf Einrichtung eines Erholungszimmers in der Synagoge gestellt, als eine Dame ohnmächtig wurde. Eine vergangene Welt steigt wieder auf. Heute sah es in dem Keller schon ganz schön aus; es war das Podest hingelegt, so daß man nicht mehr auf dem kalten Fußboden zu sitzen brauchte, auch war

der Ofen aufgestellt und ich konnte etwas heizen und das alte »Schlumpe« teilweise verfeuern, das dort noch herumliegt.
Herr Perle hat mich besucht, auch der Direktor Lasch, der einen guten Eindruck auf mich machte. Er hat das sehr schwierige Dezernat der Wohnungsvermittlung unter sich und die Gemeindemitglieder schimpfen viel auf ihn, aber keiner würde es besser machen. Drei Herren des Vorstandes waren in Berlin; es muß noch weiter gespart werden! In Tormersdorf werden die Menschen auch sehr zusammengedrängt; das eine Haus, das in Aussicht genommen war, ist von der Militärverwaltung beschlagnahmt worden; dafür ist noch eine Baracke zur Verfügung gestellt worden.
Die Stadt ist voll von Hitlerjugend und BDM. Für Sportfestteilnehmer gibt es auch Obst zu kaufen. Man will vielleicht das Bild vortäuschen, daß alles vorhanden ist.

29. August 1941; Freitag
. . . Susannchen war gestern auf dem Volksfest am Ende der Matthiasstraße. Man verwöhnt das Kind sehr und tut ihr alles an, so lange man noch kann. Gestern haben sich zwei verschiedene Leute die Wohnung angesehen, und es kann sein, daß man sie jeden Tag verliert. Man hatte sich gewiß nicht träumen lassen, daß das alles einmal so kommen wird, nachdem man so lange im Kriege war; aber man muß es hinnehmen und muß versuchen, darüber nicht die Nerven zu verlieren! Diese Nerven sind ja aber in den letzten Jahren doch mehr als strapaziert worden.

30. August 1941; Sonnabend
Gestern vormittag ist wieder eine größere Sendung für die Lehranstalt herausgegangen . . . Am Nachmittag mit Trudi gearbeitet; ich lese jetzt die Korrekturen der Flottenarbeit. Wie lange ist es her, daß ich sie geschrieben habe! Auf das Gemeindehaus ist am Donnerstag nachts um ½11 ein Überfall von der Hitlerjugend gemacht worden. Es war ein großer Aufmarsch auf dem Schloßplatz, wahrscheinlich sind sie aufgeputscht worden. Vorwand: Angeblich hatte der Hausmeister einen Blumentopf heruntergeworfen! In seiner Wohnung haben sie Fensterscheiben eingeschlagen, sonst ist nichts weiter passiert. Natürlich haben die Kranken und Kinder einen Schrecken gehabt. Die Verrohung geht immer weiter . . .

31. August 1941; Sonntag
Gestern vormittag an der Flotte Karls von Anjou viel korrigiert. Ich hoffe, daß ich den Textteil bald werde an Gräfe absenden können. Am Nachmittag den Artikel Leit für die G. J. geschrieben . . . Frl. Witt eine Stunde gegeben und ein paar sehr interessante Akten aus der Geschichte der Breslauer Industrieschule mit ihr durchgearbeitet, die beweisen wie schwer die Juden für die Berufsumschichtung zu haben waren . . .
Heute vormittag einiges in den Akten der Industrieschule gelesen, dabei auf die Spuren mancher Vorfahren gestoßen; ein Schriftstück von der Hand meines Urgroßvaters Louis Jaffé gefunden, auch unter den Spendern die Namen zweier Urgroßmütter und einer Großmutter.
Mit Susannchen auf den Friedhof Lohestraße gegangen und abgesehen von den Besuchen bei allen Lieben auch das Grab von Ferdinand Lassalle besucht, dessen Todestag heute ist. Vor 116 (!) Jahren ist er in Genf im Duell gefallen. Vor 16 Jahren war der große Gang der Breslauer Arbeiterschaft zu seinem Grab. Damals hatte ich auch sehr viele Jubiläumsartikel zu schreiben . . .

1. September 1941; Montag
Gestern nachmittag noch etwas mit dem Aktenstück über die Industrieschule beschäftigt . . .

2. September 1941; Dienstag
Gestern vormittag Diözesanarchiv. Eine Menge exzerpiert; ich las wieder eine Predigt des Grafen Gahlen, Bischof von Münster, in der er vor allem gegen die Tötung von Menschen Einspruch erhob; er hat sogar den Mut gehabt, Strafanzeige zu erstatten. Selbstverständlich hat er keinen Bescheid bekommen . . .
Am Nachmittag war ich bei Prof. Görlitz, der mir über seine Unterredung mit dem Oberbaurat Stein berichtete. Stein meint, wir sollen die Nachteile unserer Wohnung hervorheben; selbst wenn er mit den Herren von der Gauleitung spräche, sei es sehr fraglich, ob er etwas erreichen würde, denn sie ständen auf dem Standpunkt, selbst wenn ein Jude noch so deutsch gesinnt sei, müsse er nach dem, was ihm angetan sei, ihr Feind sein; ein eigentlich konsequenter Standpunkt. 200 Wohnungen seien hier beschlagnahmt. Tormersdorf ist voll, Leubus ist mit Armen belegt. Die Stadt Breslau hat den Auftrag bekommen, Baracken zu errichten, im besonderen er, Stein; aber die Stadt wird keinen Platz

haben. Man will da nicht mehr mitmachen. In arischen Kreisen ist man auch sehr besorgt wegen des Schicksals der Geistesschwachen.

3. September 1941; Mittwoch
Gestern vormittag im Archiv der Synagogengemeinde gearbeitet . . . Am Nachmittag an der Durchsicht der Flottenarbeit gewirkt. Sehr mühsam, aber ich freue mich doch sehr, daß die Arbeit in diesem Gewande jetzt vorliegt. Heute nacht um ½2 Fliegeralarm, aber die feindlichen Flugzeuge sind nicht bis Breslau gekommen und der Alarm ist dann verhältnismäßig rasch wieder abgeblasen worden; man braucht dann aber doch lange Zeit, bis man wieder einschläft. Mit den Kindern ging alles in großer Ruhe ab. Auch mit den Hausgenossen hatten wir keinen Ärger! Heute früh Domarchiv, wo ich reiches Material fand, auch neue Bücher waren wieder von der U. B. gekommen! Bis 12 Uhr sehr intensiv gearbeitet. Den Pfarrer aus der Gegend von Lublinitz gesprochen! . . .
. . . Trudi ist heute in einem Konzert zu Gunsten der »Jüdischen Pflicht!« Sie war schon sehr lange bei keiner Veranstaltung! . . .

4. September 1941; Donnerstag
Vormittag im Gemeindearchiv gearbeitet; es ist jetzt ganz gemütlich in dem Keller; ich bekomme auch immer geheizt . . . Ich hätte sehr gern eine Schreibkraft, um ein Inventar zu machen. Vorläufig bin ich vor allem damit befaßt, alle Akten durchzusehen und mich über die Bestände zu unterrichten. Heute viele Akten von der alten und neuen Synagoge in der Hand gehabt, auch vom Friedhof Claassenstraße und vom Friedhof Cosel! . . . Viele Bücher geerbt, die jetzt aus Wohnungsauflösungen anfallen! Als ich nach Hause kam, hörte ich, daß sich wieder einmal jemand unsere Wohnung angesehen hat; ein Offizier, der auf Trudi keinen so guten Eindruck gemacht hat; er hat sich auch die Adresse vom Hauswirt aufgeschrieben! Hoffentlich hat ihm die Wohnung nicht gefallen. Dann kam noch ein Brief vom Reichswirtschaftsministerium wegen Wertpapieren! Trudi hatte ihn nicht ordentlich gelesen; er betrifft uns gar nicht. Unnötige Erregung! . . .

5. September 1941; Freitag
Gestern nachmittag viel Korrekturen der Flottenarbeit gelesen . . . Als ich gestern abend spazierenging, sah ich in langsamem Tempo einen Lazarettzug nach Westen fahren! Wieviel Leid birgt ein

solcher Zug. Heute früh las ich, daß wieder ein früherer Schüler von mir gefallen ist, der jüngere Wiglenda. Der Krieg fordert furchtbare Opfer. Im Augenblick kommt auch sehr wenig Post, man hat den Eindruck, daß alles verfügbare rollende Material für den Nachschub nach dem Osten gebraucht wird!

6. September 1941; Sonnabend
Gestern nachmittag noch an den Korrekturen meiner sizilischen Flotte gearbeitet; Synagoge. Als ich nach Hause kam, hatte ich noch eine große Freude; ein sehr lieber und rascher Brief von Wölfl vom 20. August war da, voll von großer Herzlichkeit . . . Heute vormittag habe ich mich vor allem mit meinem flottengeschichtlichen Manuskript befaßt; ich will baldmöglichst an Gräfe ein Exemplar zur Absendung bringen . . .

7. September 1941; Sonntag
Gestern nachmittag Frl. Witt eine Stunde gegeben. Wir nahmen noch etwas aus dem Aktenstück der Industrieschule durch . . . Gestern nachmittag konnten wir keine Zeitung mehr erhalten. Es gibt jetzt so wenig Papier, daß sie rasch ausverkauft ist. Von heutigem Sonntag an gehen auch am Vormittag eine ganze Anzahl von Straßenbahnlinien nicht mehr. Es fehlt sehr an Fahrpersonal. Ich halte die Situation weiter für Deutschland für sehr ungünstig, wenn auch täglich Siege in der Zeitung stehen!
Heute vormittag sprach mich ein Herr an: »Ich bin der Löchel«, ein alter Kriegskamerad von der 4. (F) M. K. Er wird mich in den nächsten Tagen besuchen. Er arbeitet in der Nähe beim Sicherheits- und Hilfsdienst . . .

8. September 1941; Montag
Der Tag begann heute damit, daß ich beim Barbier hörte, daß wir vom 19. 9. ein Abzeichen mit dem Wort »Jude« tragen müssen und zwar schon auch die sechsjährigen Kinder. Nun, wir werden uns auch dadurch gewiß nicht kleinkriegen lassen, wenn auch das Leben immer schwieriger wird. Man wird trotzdem versuchen müssen, mit seinen Nerven durchzuhalten. Alle die Maßnahmen aber deuten immer mehr darauf hin, wie schlecht die Lage Deutschlands ist und wie sehr man eben seine Wut gegen den wehrlosesten Bevölkerungsteil austobt! Die Zeiten des Mittelalters werden übertrumpft! Jeder Fall der Zuwiderhandlung ist mit 500 Mark Geldstrafe oder mit einem Monat Gefängnis bedroht. Auch

ist das Reiseverbot für die Juden des ganzen Reiches jetzt allgemein gemacht worden, auch die Meldepflicht bei der Gestapo. Im Domarchiv gearbeitet und einiges für die G. J. exzerpiert. Immerhin gingen einem diese Sachen im Kopf herum! Der Direktor Engelbert hat mir gesagt, daß ich auch trotz des Abzeichens weiter dort arbeiten darf. Er ist ein großer Charakter, ganz anders als der Archivar Walther und die Mater Huberta, auch die Mater Innocentia ist ein innerlich großer Mensch. Die Aktion gegen die Klöster soll jetzt abgeblasen worden sein! . . .

9. September 1941; Dienstag
Gestern abend noch ein Stück spazierengegangen, man stand doch unter der seelischen Einwirkung der Verfügung über den gelben Fleck! Heute im Archiv der Gemeinde gearbeitet . . . und mich besonders mit alten Friedhofsakten beschäftigt!

11. September 1941; Donnerstag
Gestern vormittag in der Dombibliothek, doch war meine Arbeitskapazität keine sehr große, es ging einem zuviel durch den Kopf. Die Mater Huberta hat ihren Neffen im Felde verloren und hat gestern gefehlt. Ich zeigte dem Archivar Walther die Verfügung über den gelben Fleck, er sowohl wie die Mater Innocentia waren entsetzt. Auch den Herren auf der Bank habe ich sie gezeigt! . . . Einen sehr lieben Brief bekam ich vom Kollegen Gräfe von Treue voll. Heute geht wieder ein Transport nach Tormersdorf ab.

12. September 1941; Freitag
. . . Aus der Zeitung ist nichts besonderes zu berichten, die Mitteilungen über den östlichen Kriegsschauplatz sind sehr zurückhaltend. Immer wird gegen Roosevelt gehetzt. Manche sagen, der Krieg kann noch Jahre dauern! Wer weiß es?
Am Nachmittag war die Großmutter da, ziemlich aufgeregt, es stürmt ja auch zuviel auf uns ein. Der Kulturbund in Breslau ist aufgelöst, ob im ganzen Reiche weiß man nicht! Sie wollen sich vor dem Zof noch einmal austoben! In Frankfurt am Main und Kassel soll Belagerungszustand herrschen. Die Ostfront soll zurückgenommen sein!

13. September 1941; Sonnabend
Gestern nachmittag, als ich gerade fortgehen wollte, kam Grete Proskauer, die Assistentin von Dr. Jacobsohn in Berlin am

Gesamtarchiv der Juden in Deutschland und am Reichssippenamt ist; sie wird mehrere Tage unser Gast sein, und ich freue mich schon sehr auf die wissenschaftlichen Unterhaltungen; man hat so selten Gelegenheit, mit jemandem, der etwas versteht, über seine Interessen zu sprechen . . . Synagoge, nachher noch einen Augenblick mit Herrn Perle unterhalten. Die Judenabzeichen, der Orden pour le sémite, wie der jüdische Witz sagt, sind aus Berlin eingetroffen und müssen in der nächsten Woche abgeholt werden; Lewin, dessen Predigt ich gestern nicht gehört habe, wie ja niemals, hat offenbar die Leute wieder sehr aufgeregt, wenn er ihnen auch sagte, daß sie den gelben Fleck mit Stolz tragen sollen.

14. September 1941; Sonntag
Gestern vormittag mit Grete Proskauer in meiner Stube gesessen; sie zeigte mir sehr interessante Urkunden aus ihrer eigenen Familiengeschichte; alle diese sind ja auch die Ahnherren meiner Söhne; dann sah sie sich auch verschiedene meiner Bücher an; es ist ja das erste Mal seit unvordenklichen Zeiten, daß ein Gast in meinem Hause ist, der für meine Dinge Interesse hat und an meinem Schaffen Anteil nimmt . . .
Dann im Kohlengeschäft von Haupt und Hoffmann, wo ich erfreulicherweise diesmal einen Bon auf fünf Zentner Kohle bekam; dann zum Schulamt wegen meines Unterrichtserlaubnisscheines; die Sache mußte erst an die Regierung gehen wegen des ominösen § 4, aufgrund dessen ich damals entlassen worden bin! Es erscheint mir noch fraglich, ob ich den Schein bekommen werde; die Sache ist mir auch im Augenblick nicht so wichtig . . . Abends noch mit Grete Proskauer die Judenstammrolle von 1812 durchgegangen!
Politisch: Aus dem Osten wird gar nichts gemeldet; es muß da für die Deutschen nicht sehr gut stehen. Der Judenstern ist nun auch der arischen Bevölkerung bekanntgegeben worden. Die schlesische Tageszeitung soll geschrieben haben, daß dies die Revanche dafür sei, was den Deutschen in Rußland geschieht. Das Verbot des Kulturbundes hängt mit der Aussiedlung der Volksdeutschen zusammen, nun bleibt nicht mehr viel übrig, was zu verbieten ist, da ja auch vom nächsten Freitag an die Luft für uns problematisch wird. Trotzdem wird das alles an dem Endausgang nichts ändern.

15. September 1941; Montag
. . . Heute früh zur Dombibliothek . . . Im Archiv heute leider keine Bücher des U. B. gehabt.

16. September 1941; Dienstag
Gestern nachmittag wieder einmal einen kleinen Artikel für die Germania Judaica geschrieben; abends noch mit Grete Proskauer ihre Familienurkunden durchgegangen . . .

17. September 1941; Mittwoch
Gestern vormittag mit Grete P. im Gemeindearchiv gearbeitet; für ihre Familienforschung hat sie nichts weiter gefunden, was sie nicht schon wußte . . . Trudi war auch da, um mit Susanne einiges aus der Kleiderkammer zu kaufen . . . Am Nachmittag noch zwei kleinere Artikel für die G. J. geschrieben . . . Heute früh in der Dombibliothek gearbeitet, auch mit dem Direktor in seinem Amtszimmer gesprochen. Ich las auch den Brief, den Graf Gahlen an einen Reichsminister gerichtet hat, und der sich gegen die Gestapo richtete. Auch er wird zunächst nichts an den Zuständen ändern. Mater Innocentia erzählte mir von den Intrigen der Mater Huberta. Ich zeige ihr nun möglichst die kalte Schulter. Frau Jilek schenkte uns sehr schöne Sachen zu Rosch Haschana; ich werde mich entsprechend revanchieren; auf der Sandinsel zum letzten Male Gemüse eingekauft.

18. September 1941; Donnerstag
. . . Unser Hauswirt Mackunse hatte seinen Besuch für Nachmittag angekündigt, er ist dann aber nicht gekommen; es sieht so aus, als ob wir doch die Wohnung verlieren würden; man muß es hinnehmen!

19. September 1941; Freitag
Gestern vormittag im Archiv gearbeitet und mit den Ordnungsarbeiten einige Fortschritte erzielt! . . . Ich setze meinen Ehrgeiz darein, daß alles ordentlich wird. Ich habe auch Freude daran. Man hat versucht, weil heute der erste Tag des Judensterns ist, alles noch zu erledigen, um heute nicht allzuviel auf der Straße zu sein. Ich bin übrigens überzeugt, daß alles ruhig ablaufen wird und habe heute früh beim Milchholen bemerkt, daß es im Grunde den Volksgenossen peinlicher ist als uns! . . .
Heute bin ich zu einem schönen Abschluß gekommen. Die Lebenserinnerungen sind bis 1933 fertig!

20. September 1941; Sonnabend
Es war gestern für mich ein Glücksgefühl, daß ich mit der Arbeit fertiggeworden bin, wenn es auch zugleich ein leeres Gefühl ist, das bleibt, gewissermaßen wie der Abschied von einem Kind! Ich möchte noch wünschen, nachdem alles vorbei ist, den zweiten Teil schreiben zu können, der die Zeit nach 1933 behandeln soll! Am Nachmittag mit bibliographischen Arbeiten beschäftigt . . . Dann im Schmuck des Judensterns in die Storchsynagoge gegangen; ich wollte an diesem Tage unbedingt gehen, um mir nicht nachsagen zu lassen, daß ich wegen Feigheit gefehlt hätte; ich bin den ganzen Weg gelaufen, und das Publikum hat sich durchaus tadellos benommen, ich bin in keiner Weise belästigt worden; man hatte eher den Eindruck, daß es den Leuten peinlich ist. In der Synagoge machte mir Eugen Perle die erschütternde Mitteilung, daß wieder 1000 Juden Breslau verlassen müssen und zwar mit sehr kurzen Räumungsfristen; die ersten 200 müssen ihre Wohnung bis zum 25. räumen und am 30. abfahren. Man tobt sich ordentlich gegen uns aus, und natürlich gerade zur Zeit der hohen Feiertage, um uns diese Zeit zu zerstören. Im allgemeinen ist ja die Haltung der Juden eine gute, wenn es auch feige gibt . . .

21. September 1941; Sonntag
Gestern vormittag noch bibliographische Arbeiten erledigt, zur Post gegangen, wo ich ein Päckchen abholte, das Erich Kohn aus Schweidnitz geschickt hatte. Am Nachmittag einige Artikel für die G. J. geschrieben; später Frl. Witt Stunde gegeben; die Geschichte des Judenabzeichens durchgesprochen . . .
Erew Rosch Haschana 5702! Was wird das neue Jahr bringen?

23. September 1941; Dienstag
2. Tag Rosch Haschana. Eigentlich wollte ich an diesen beiden Tagen nicht schreiben, aber es ist so vieles, das mich bedrückt, daß ich mich entlasten muß, und ich glaube, damit keine große Sünde zu begehen. Am Vorabend des Neujahrsfestes war ich mit Trudi und mit beiden Kindern auf dem Friedhof Lohestraße. Die Kinder haben Kastanien gesucht; ich habe gebetet . . . Es waren an dem Sonntagnachmittag wenig Menschen auf dem Friedhof, natürlich kommt man nicht so zur Sammlung, wenn Tamara mit ist, aber ich wollte den Kindern die Freude antun, sie haben ja sonst selten Gelegenheit zum Kastaniensammeln. Das Publikum auf der Straße – und es waren ziemlich viele Menschen auf der Straße – hat sich

übrigens, was unser Abzeichen anbelangt, durchaus korrekt benommen. Das Abzeichen hat die entgegengesetzte Wirkung geübt, die wohl die Regierung sich gedacht hat. Als wir vom Friedhof fortgingen, kamen viele Juden zum G'ttesdienst. Es findet draußen ein liberaler statt. Auf dem Rückwege bin ich zu Hugo Mamlok; er ist mit seiner Schwiegermutter Frau Gallink und seiner Tochter Ilse von der Ausweisung betroffen. Es ist ein großes Unglück, drei hilflose Menschen. Er war selbst nicht da, wir haben ihm angeboten, die Übergangstage bei uns zu wohnen. In den 30 Jahren, in denen ich ihn kenne, hat er sich immer sehr gut und ordentlich zu mir benommen, und wir können ja nicht wissen, ob wir nicht in kürzester Zeit in derselben Lage sein werden! Auch die Eltern unserer Edith Rössler sind von dem gleichen Schicksal betroffen worden; sie müssen voraussichtlich am 10. 10. fort. Sehr bitter, obwohl man natürlich niemals wissen kann, wozu es gut ist. Am ersten Abend des Neujahrsfestes bin ich nicht in die Synagoge gegangen, weil es sonst zum Abendbrot zu spät geworden wäre . . . Susannchen und Tamara waren sehr glücklich, wir haben ihnen einiges schenken können. Trudi habe ich meine Lebenserinnerungen, die nun fertig sind, mit einer entsprechenden Widmung überreicht. Trudi hat mir einige Schreibsachen und Lupe geschenkt. Gestern war ich am Vormittag und am Abend in der Storchsynagoge. Der Vormittagsgottesdienst hat mich ziemlich aufgeregt, besonders die unsane taukef . . . Von der Synagoge in das Brotzenheim. Frau Brotzen erzählte mir von dieser schrecklichen Euthanasie, mit der man die Geisteskranken umbringt, auch die arischen. In einer bayerischen Anstalt wurde ihnen gesagt, es fände ein Orgelkonzert statt, dann brachte man sie in einen magisch beleuchteten Saal, wo sie mit Gas vergiftet wurden, und das sind nicht etwa alles unheilbare Fälle. Mord, schrecklicher Mord auf Veranlassung des Staates!

24. September 1941; Mittwoch
. . . Heute früh in der Dombibliothek gearbeitet, wo ich es sehr gut gehabt habe! Am Nachmittag eine Sendung an die Gesellschaft abgeschickt; gegen Abend war Onkel Hugo Mamlok da, um sich dafür zu bedanken, daß wir ihn aufnehmen wollen! . . .

25. September 1941; Donnerstag
Heute früh im Archiv der Synagogengemeinde gearbeitet. Direktor Lasch besuchte mich wegen einer Familienforschung. Es ist noch

nicht heraus, wann die Gruppen fortgehen werden, die jetzt Breslau verlassen.

26. September 1941; Freitag
Gestern nachmittag für G. J. gearbeitet; ich habe im Augenblick viel Material! Heute früh fleißig in der Dombibliothek exzerpiert! . . .

27. September 1941; Sonnabend
Gestern nachmittag bei Professor Grotte gewesen, um ihm einige Bücher zurückzutragen, er hat mir bei dieser Gelegenheit auch noch ein paar Sachen geschenkt; ich kam mitten in die Wohnungsauflösung hinein, eine auf alle Fälle melancholische Angelegenheit. Grotte machte mir Vorwürfe, daß ich vor Monaten seiner Frau abgeredet habe, Sachen zu verkaufen. Alle, die jetzt den Abzugsbefehl bekommen haben, müssen am 30. 9. die Wohnung räumen; der Transport soll am 10. 10. gehen, und zwar nach Grüssau, wo zuletzt die Buchenlanddeutschen waren. Nach den Informationen, die Grotte erhalten hat, hat man ihm geraten fortzugehen, es sei ihm gesagt worden, den letzten beißen die Hunde: sie kämen in Baracken. Augenblicklich sei auch schon eine neue Liste von 600 Leuten für den Transport zusammengestellt! Grotte wollte mir noch einen Hieb versetzen, indem er sagte, ich würde hier gebraucht! Abends nach der Synagoge noch mit Herrn Förder gesprochen, er sagte mir, daß es ganz richtig wäre, wenn ich so weiterlebte wie bisher. Wenn man will, so kann man seine Möbel sehr rasch verkaufen, ich würde aber versuchen, im Falle einer Evakuierung möglichst alles beim Spediteur unterzustellen! Es ist m. E. nach sicher, daß die Deutschen, wenn nicht in absehbarer Zeit umwälzende Änderungen eintreten sollten, ihre Feindschaft gegen die Juden weiter austoben werden! Man muß darauf gefaßt sein . . . Abends noch in der Synagoge gewesen und hin- und zurückgelaufen. Da Pakulla Trauer bekommen hatte, betete ein anderer vor, sogar ganz wundervoll.
Abends gemütlicher Freitagabend. Wir hatten sogar wieder Wein, den uns Grete Proskauer geschickt hatte . . .

28. September 1941; Sonntag
Gestern nachmittag noch einen Artikel für die G. J. geschrieben, dann noch mit letzter Kraft Frl. Witt eine Stunde gegeben, wir sprachen jetzt Prag durch. Die gestrige Abendpost brachte uns

einen erschütternden Brief von Frau Kohn aus Weruschau. 109 jüdische Familien sind früh um 5 Uhr abtransportiert worden und durften nicht das geringste mitnehmen; welch entsetzliche Barbarei! Frau Kohn ist in Wielun bei Bekannten untergekommen, die selbst alles verloren haben, sie hatte einen sehr schmerzhaften Bluterguß. Ob je einmal diese Rechnung der Grausamkeit gegen Juden beglichen werden wird! Amerika soll ja dauernd mit den schwersten Repressalien drohen, aber ich glaube nicht, daß dies hier noch großen Eindruck macht. In Norwegen soll ein Aufstand gewesen sein, und man soll viele Menschen erschossen haben. Terror über Europa; aber auch er wird eines Tages zu Ende sein, es fragt sich nur, wer noch an der Strecke liegen bleiben wird. Ich selbst habe mein Leben gelebt, aber die jungen Kinder sollen noch ein glückliches Leben vor sich haben! . . .

29. September 1941; Montag
Gestern vormittag mit Tamara in der Sonne spazierengegangen und etwas gezogen; es ist die einzige Freude, die man den Kindern antun kann, wenn man mit ihnen zum Automaten in der Goethestraße geht, es ist der einzige, der gegenwärtig noch etwas Süßigkeiten hat; die Kinder von heute sind ja sehr bescheiden geworden . . . Auf dem Rückwege von dem Spaziergang war ich bei dem jüdischen Sippenforscher Behrendt auf der Kürassierstraße, der sich besonders mit Posen und Westpreußen befaßt hat; sein wertvollstes Material aber hat er schon fortgepackt, immerhin konnte er mir noch einige interessante Urkundenabschriften zeigen! . . .
Heute früh Dombibliothek, dort den Oberstudiendirektor a. D. Gantzer kennengelernt, der außerordentlich liebenswürdig war; er arbeitet ein paar Tage hier! Mit den wissenschaftlichen Bekannten habe ich viel Glück. Bei Tante Elise Sachs noch einen Machsor für Jom Kippur abgegeben. Mittags kamen von Hugo Mamlok verschiedene Sachen aus seiner Wohnungsauflösung. Jetzt am Nachmittag war er selbst da; er wird nicht bei uns wohnen, sondern bei Brienitzer, weil dieser ihm noch die restlichen Sachen verkauft. Mir tut es sehr leid, daß er nicht bei uns wohnen will; ich hätte ihm gern vor seiner Abreise das Leben etwas erleichtert. Aber des Menschen Wille ist sein Himmelreich. Der alte Mann hat mir sehr leid getan; sich von allem trennen zu müssen, was einem ein Leben lang lieb war, ist sehr schmerzlich! Hugo M. war immer ein sehr fein

empfindender Mensch! . . . Eine große Freude! Ein sehr lieber Brief von Wölfl kam! . . .

30. September 1941; Dienstag
. . . Heute abend ist der Versöhnungstag, und wenn ich irgend kann, möchte ich zum G'ttesdienst gehen, wenn ich auch fürchte, die Luft im Freundessaal nicht lange aushalten zu können. Ich bin mit meinen Nervenreserven sehr zu Ende und dabei müßte man jetzt im Hinblick auf das, was bevorsteht, noch große Reserven haben. Manchmal sage ich mir, daß es am besten wäre, wenn man nicht mehr ist, aber wenn man so kleine Kinder hat, darf man so etwas nicht einmal denken . . .

2. Oktober 1941; Donnerstag
Nun ist der Jom Kippur auch vorbei. Er hat mir innere Erhebung gebracht, wenn ich auch nicht habe fasten können. Trudi hat alles sehr schön vorbereitet; Ich habe im Konzerthaus gebetet, gestern früh war Susanne mit. Der konservative G'ttesdienst fand im Freundessaal statt und Hamburger hat sehr schlicht und gut gesprochen. Hinter mir stand Isidor Lichtenberg. Hoffentlich erleben wir den nächsten Jom Kippur schon unter anderen Verhältnissen . . .

3. Oktober 1941; Freitag
Gestern vormittag im Gemeindearchiv gearbeitet, mich über die Ungefälligkeit der Frau in der Kleiderkammer geärgert. Herr Neisser dagegen ist immer gefällig. Dadurch daß Jakob im Archiv arbeitet, wird zuviel gesprochen, ich wäre lieber allein, andererseits erfährt man so manches, was für die jeweilige täglich wechselnde Lage von Bedeutung ist. So ist in den letzten Tagen das Vermögen einiger reicher Juden, u. a. des Schnapsherzbergs, als staatsfeindlich beschlagnahmt worden. Man hat ihnen gesagt: Geht zur Gemeinde und laßt Euch Wohlfahrtsunterstützung zahlen. Auch darf man bei Knauer an hinterlegtem Gepäck nur mit Genehmigung der Staatspolizei heran; es sind das alles Racheakte, die mir immer aufs Neue die Schwierigkeit der Position der Nazis beweisen. Auf der Bezugsscheinstelle wegen einer Bezugsscheinverlängerung für Trudi gewesen. Aber Herr »Verständig« geruhte nicht mich abzufertigen; er hat zuviel zu tun, obwohl kein Mensch da war. Despoteninstinkte des kleinen Mannes. Am Nachmittag war Professor Hoffmann bei mir zum Kaffee; es war ein sehr anregender Nachmittag, wir sahen uns Verschiedenes aus meiner Biblio-

thek an, besonders die hebräischen Fotokopien. Er war auch sehr nett zu den Kindern, denen er Zwieback mitgebracht hatte. Gegen Abend noch etwas spazierengegangen; jetzt muß man ja schon um 8 Uhr zurück sein.

4. Oktober 1941; Sonnabend

Gestern vormittag habe ich mit der Abschrift der neuen Arbeit über die hebräischen Handschriftsfragmente beginnen lassen; am Nachmittag den Artikel Koburg für die G. J. verfaßt; den Thoraabschnitt gelesen vom Abschied Moses »Da wurde Jeschurun fett und schlug aus«. Wie schnell sind wir immer wieder übermütig geworden, wenn es uns besser ging. Synagoge, an der Ecke Graupen- und Wallstraße eine jüdische Stehkonferenz auseinandergetrieben, die Leute fangen schon wieder an, übermütig zu werden. Dabei liegt gewiß gar keine Veranlassung zum Übermut vor, denn augenblicklich werden immer mehr Vermögen als staatsfeindliches Eigentum beschlagnahmt und damit wird die Axt an die Wurzel der restlichen Existenz der Juden in Deutschland gelegt. Es sind reine Racheakte und es sieht so aus, als ob sich das nach und nach auf das gesamte jüdische Vermögen erstrecken wird. Ich hörte von den Dingen im Synagogenhof. R. A. Jakob informiert mich über die tatsächlichen Vorgänge, denn das was einem sonst zugetragen wird, stimmt meistens nicht. Nach der Synagoge mit Herrn Perle gesprochen. Er muß sich viel mit den kleinen Streitigkeiten in der Gemeinde herumreißen, es gibt immer wieder berufsmäßige Stänkerer. Dabei wären die Kräfte des Vorstandes für so viel wesentlichere Dinge notwendig. Man sollte versuchen, die Kinder aus Deutschland herauszubekommen. Aber konstruktive Pläne haben wir, wenn wir von Herzl absehen, selten im Verlaufe unserer Geschichte gefaßt . . .

5. Oktober 1941; Sonntag

Gestern fleißig für die G J. gearbeitet, den großen Artikel Magdeburg ein tüchtiges Stück gefördert. In der Mittagsstunde zur Bank, wo ich 300 Mark glatt ausbezahlt erhielt, man geht immer mit einer gewissen Besorgnis wegen der Vermögensbeschlagnahmen hin. Dieses Schicksal hat leider auch Emil Kaim getroffen . . .

6. Oktober 1941; Montag

Gestern früh tüchtig am Artikel Magdeburg geschrieben; später mit beiden Kindern und Susannes Freundin Jutta Marcus zum Friedhof

Lohestraße. Die Kinder haben tüchtig Kastanien gesucht; ich habe im Erbbegräbnis gesessen und gebetet; Ingenieur Jokl gab mir einen erschütternden Brief seiner Schwägerin Frl. Dr. Ölsner zu lesen, fünf Juden sind unterwegs infolge schauriger sanitärer Zustände auf dem Schiff gestorben! Sie war noch in Quarantäne . . . Synagoge – 1. Abend Sukkoth. Susanne hat sich ganz reizend auf dem Balkon unter einem Stück Leinwand eine Sukka gebaut und mit ihren Freundinnen gebetet; man freut sich sehr, wenn ein Kind so in das Judentum hineinwächst. Vor der Synagoge Isidor Lichtenberg, dem jungen 69jährigen Bräutigam gratuliert. Heute früh im Domarchiv gearbeitet, Prof. Hoffmann gesprochen; plötzlich erschien auch Grotte, den Hut schämig vor dem Judenstern. Ich eröffnete ihm das Notwendige. Er will Bücherkisten in der Dombibliothek unterstellen. Dem Reg.-Rat Halpert soll Vermögen und Pension beschlagnahmt worden sein! Finanzamt Mitte wegen Umsatzsteuerformularen; Bank, wo mich der Vorsteher auch wegen dieser Maßnahmen befragte.

7. Oktober 1941; Dienstag
Gestern nachmittag noch tüchtig am Artikel Magdeburg geschrieben, von dem ich das Gefühl habe, daß er ganz ordentlich wird . . . In die Synagoge gefahren; auf der Straßenbahn Dr. Latte getroffen. Mit der Beschlagnahme der Pension bei Halpert muß es doch seine Bewandtnis haben. Die Verwaltung seines Vermögens war schon vorher von der Devisenstelle auf die Gestapo übertragen worden. Susannchen hat am Nachmittag wieder mit ihren Freundinnen in der improvisierten Sukka auf dem Balkon gesessen!

8. Oktober 1941; Mittwoch
Gestern vormittag fleißig im Domarchiv gearbeitet, ich habe jetzt sehr wertvolles Material für Erfurt; auch heute war ich dort . . .

9. Oktober 1941; Donnerstag
Der Artikel Magdeburg, der sehr umfangreich geworden ist, ist fertig geworden. Onkel Hugo Mamlok war da, um sich vor seiner Aussiedlung nach Grüssau zu verabschieden, es war sehr aufregend. Heute vormittag Gemeindearchiv.
Die Arbeit im Gemeindearchiv strengt mich immer sehr an, weil so viel Unterhaltung ist, ganz anders als im Diözesanarchiv! Es wäre mir im Grunde lieber, wenn ich dort ganz alleine da wäre . . . Am Nachmittag war ich jetzt noch bei der Trauung von Frida Laland

mit Dr. Walter Redlich. Die Feier hat mich ziemlich aufgeregt, das »mi adir« geht sehr zu Herzen. Für Frieda Laland war ich auch ein Gruß aus längst vergangener Zeit. Dann Tamara vom Kindergarten abgeholt. Wir müssen jetzt in der Straßenbahn stehen, was eine sehr große Anstrengung bedeutet. In USA müssen die Deutschen ein Hakenkreuz tragen und eine Binde mit der Aufschrift »Nazi«, aber letzten Endes bezahlen wir das alles. Heute große Sondermeldung! Die Hauptentscheidungsschlacht im Osten hat begonnen! Ein Erlaß des Führers bringt verstärkte Judenhetze. Anscheinend wollen die Deutschen mit letztem Einsatz die Entscheidung in diesem Winter erzwingen . . .

11. Oktober 1941; Sonnabend
. . . Gestern sind die ersten Transporte nach Grüssau mit Auto abgerollt, bei jedem war ein Kommissar der Staatspolizei dabei. Es soll ein sehr trauriger Anblick gewesen sein, diese alten Leute. Ein richtiger »Jeziath mizrajim«; heute gehen wieder Transporte; auch unsere Edith Rössler ist dabei. Der Vater mußte sie gestern von der Arbeit abholen, sie hatten für heute um sieben den Reisebefehl bekommen! . . .
Abends beim Barbier Nothmann Koll. Freund gesprochen; er will liebenswürdigerweise Susanne Geigenstunden geben.
Lage: Die Deutschen kommen wohl im Osten vorwärts, aber man hat doch den Eindruck, als ob die Sondermeldungen vom Tage vorher große Vorschußlorbeeren gewesen wären! Immer noch gehört den anderen die Welt! Aber in Rußland wird man alles an den Juden abreagieren und in Kiew soll es schon ein großes Blutbad gegeben haben. In Prag tobt man sich auch gegen die Juden und Tschechen aus; die Synagogen sind geschlossen; auch die Tschechen dürfen abends nach 8 nicht mehr ausgehen; viele Erschießungen . . .

12. Oktober 1941; Sonntag
Gestern vormittag für die G. J. gearbeitet. Am Nachmittag hatten wir Gäste: Herr und Frau Förder, Frau Alexander, R. A. Jakob. Ich las einiges aus dem Palästinahandbuch des Asterius zur Erforschung P's vor . . .
Am Vormittag noch einiges für die G. J. gearbeitet . . . Später noch fortgewesen, um mir eine Zeitung zu besorgen, was jetzt auch nicht ganz einfach ist. Schließlich bekam ich eine auf der Viktoriastraße gegenüber dem jüdischen Krankenhaus . . . Paul Lyon

getroffen, der morgen auch nach Grüssau abfährt. Jeder versucht sich immer noch die seelisch beste Seite der Umsiedlung herauszusuchen und das ist gut so. Als ich nach Hause kam, traf ich Hugo Mamlok, der uns noch einen Abschiedsbesuch machte. Seine Haltung ist sehr würdig und fest. Er glaubt allerdings, daß wir dem Untergang geweiht sind, und wenn man unsere Lage im Augenblick überdenkt, so spricht ja viel für diese pessimistische Auffassung; man will es sich nur in der Regel nicht zugeben! Es sieht so aus, als ob es die Deutschen im gegenwärtigen Augenblick des Krieges ganz und gar auf unsere Vernichtung angelegt hätten. Man kann nur wünschen, daß ihnen dieser Plan mißlingt . . . Morgen um 9 Uhr geht also der Sonderzug nach Landshut; es werden ein paar Hundert Menschen sein, die auf diese Weise umgesiedelt werden. Möchte es ihnen dort einigermaßen gut gehen . . .

13. Oktober 1941; Montag
Gestern abend noch im G'ttesdienst von Schemini Azereth gewesen . . . Als ich von zu Hause fort war, war Frau Jilek da, die Pförtnerin des Domarchivs, sie hatte einige gute Sachen mitgebracht, sie ist mir ja auch sonst immer sehr behilflich. Wir haben ihr das Schränkchen geschenkt, das ich von Hugo Mamlok bekommen hatte. Es ist jetzt schon wieder die Zeit, wo man Lebensmittel am besten auf dem Tauschwege bekommt . . . Früh in der Straßenbahn viele von den Umsiedlern getroffen; später auch auf der Sonnenstraße, es war ja als Treffpunkt der Platz am Freiburger Bahnhof bestimmt worden; Zeit 9 Uhr; es war ein sehr ergreifender Anblick, die Austreibung dieser Glaubensgenossen mitansehen zu müssen. Die Menschen haben sich auch gut gehalten, aber man sah auch so manche traurige Gestalt. Barbier, wo ich einigen Rassegenossen wegen ihrer Märchenerzählungen gründlich Bescheid sagte . . .

14. Oktober 1941; Dienstag
Gestern noch einiges für die G. J. gemacht; später mit beiden Kindern zum Simchath Thora G'ttesdienst gefahren; Tamara war das erste Mal mit Bewußtsein im G'tteshaus, und es hat großen Eindruck auf sie gemacht! Beim Umzug ist sie allerdings von den großen Kindern etwas gedrückt worden. Ich hatte die 16. Thorarolle zu tragen. Nun feiern wird das Thorafreudenfest schon das 9. Mal im Dritten Reich! Vielleicht feiern wir es das nächste Mal schon in Freiheit.

15. Oktober 1941; Mittwoch
Gestern vormittag wieder fleißig in der Dombibliothek gearbeitet; ich habe im Augenblick eine ganze Menge Bücher mit sehr viel Material . . . Eine vom Arbeitsamt geschickte getaufte jüdische Frau als Ersatz für Edith erwies sich ungeeignet. Frl. Silberstein war noch da, um uns die Lebensmittelkarten für die 29. Zuteilungsperiode zu bringen. Es sind jetzt 112 Wochen Krieg . . .

16. Oktober 1941; Donnerstag
Gestern vormittag in der Dombibliothek gearbeitet . . . Aus Grüssau kommen bisher unerfreuliche Nachrichten; die Betten waren noch nicht da; die Leute müssen angezogen schlafen; es soll schon ein Auto mit Kranken zurückgekommen sein. Auch sonst in Prag und in Wien tobt sich der Rachekrieg gegen das Judentum aus. Sowjetrussischen Kriegsgefangenen gibt man nichts zu essen; sie fressen die Toten! 20. Jahrhundert. Die Ernährungslage wird auch hier täglich schwieriger. Manchmal hat man das Gefühl des Untergangs Europas . . .
Am Vormittag ganz schön im Gemeindearchiv gearbeitet; ich konnte eine ganze Menge lesen; vor allem aus dem Brannschen Nachlaß, was mich besonders interessiert hat; auch einen Stammbaum für die Familie Kohn zusammengestellt. Zur jüdischen Lage hat sich nichts besonderes ereignet; die neue Umsiedlungsliste, mit der man allgemein rechnet, ist noch nicht erschienen! Aus Grüssau kommen keine erfreulichen Nachrichten. Vom Vorstand besuchte mich Herr Lasch, der einzige außer Perle, der für meine Arbeit Interesse hat . . .

17. Oktober 1941; Freitag
Gestern nachmittag noch einiges für die G. J. gemacht . . . später kam Koll. Prof. Freund, um etwas wegen Susannchens Geigenstunden zu verabreden; sie wird zunächst einmal bei ihm theoretischen Unterricht haben. Wir hatten dann noch eine sehr interessante Unterhaltung; er quält sich sehr mit seiner persönlichen Lage als judenstämmiger und gläubiger Christ und ersehnt eine Synthese von Judentum und Christentum. Er kommt von der Person von Jesus nicht los; ich sagte ihm demgegenüber, wie ich als Jude dächte und gab ihm das Buch von Baeck mit: »Das Evangelium als Quelle jüdischer Geschichte«. Ich wies vor allem auf die Lehre vom einig-einzigen G'tt hin! Jedenfalls war es eine anregende Stunde! Dann kam auch noch Frl. Liebe und brachte uns einige Lebensmit-

tel; sie hängt sehr an uns . . . Bezugscheinstelle, aber mit negativem Erfolg; in ziemlich brüsker Form ist mir die Verlängerung von Trudis Bezugschein für das Korsett abgelehnt worden. Auch wegen Tamaras Seifenkarte muß ich noch einmal hingehen; alles wird uns so sehr wie möglich erschwert, aber man muß sich bemühen, sich so wenig wie möglich aufzuregen! Von dort zur Dombibliothek gefahren, wo ich sehr ungestört arbeiten konnte, und auch den Artikel über Weida zum Abschluß brachte. Mit Prof. Hoffmann unterhalten. Auch im katholischen Raum ereignen sich immer wieder Terrorakte! Dem Pfarrer von Trebnitz ist der Weinkeller beschlagnahmt worden, weil er für das Hedwigsfest ein Reh gekauft hatte. Aber was will das heißen demgegenüber, was unsere Leute in Grüssau durchzumachen haben! Ich sprach einen Arbeiter, der von dort zurückgekommen ist und alles sehr traurig fand. Wenigstens werden die Leute nicht belästigt. Zu Hause fand ich eine große Freude vor: einen Brief von Wölfl vom 25. 9. mit sehr guten Nachrichten über ihn persönlich. Er geht rührend auf alles ein. Allerdings lag dem Brief ein Wermutstropfen bei; die Prüfstelle verbietet uns, auf demselben Weg zu antworten. Also geht auch diese Freude verloren, wenigstens von dem einen Kinde eine Nachricht zu haben und dadurch etwas über die anderen zu hören!

18. Oktober 1941; Sonnabend
Gestern nachmittag in der Synagoge gewesen. Man hört natürlich im Synagogenhof nichts Erfreuliches. Wieder müssen 200 Juden Breslau verlassen und am 25. 10. die Wohnungen geräumt haben. Sie kommen in ein Dorf Riebnig oder dergleichen bei Brieg. Es ist ein großer Jammer und doch wissen die nicht, die jetzt herausgehen, ob sie nicht klug handeln! Und doch würde ich, falls es mich träfe, darum kämpfen, hier bleiben zu können, weil ich ja hier noch die geistige Arbeitsmöglichkeit habe, die mir Lebensbedürfnis ist und die ich gern bis zum letzten Atemzug fortsetzen möchte. Im allgemeinen ist es ja erstaunlich, wie die Juden alles tragen . . .
. . . Man denkt nachts über das furchtbare Verhängnis nach, das über uns Juden hereingebrochen ist und wagt nicht Schuld und Unschuld zu verteilen! Die Morgenpost brachte uns eine Karte von unserer Edith aus Grüssau; sie klingt ganz optimistisch; sie schreibt, daß es nicht so schlimm ist, wie sie es sich vorgestellt hat . . . Heute ist Sabbat Bereschit. Wieder beginnt ein neues Jahr der Thoravorlesung; unser Volk wird diesen Zyklus noch oft lesen, mögen auch noch so viele zugrunde gehen!

19. Oktober 1941; Sonntag
Gestern vormittag tüchtig an der G. J. gearbeitet und mehrere Artikel fertiggestellt. Ich hoffe daß ich heute vier werde zur Absendung bringen können . . .

20. Oktober 1941; Montag
Gestern hat Trudi mancherlei Ordnungsarbeiten gemacht, man muß immer doch einiges für den Fall vorbereiten, falls man plötzlich heraus muß. Das amerikanische Neutralitätsgesetz ist aufgehoben worden. Das bedeutet, daß die amerikanischen Handelsschiffe jetzt ohne weiteres nach England fahren können und bedeutet wohl über kurz oder lang den Eintritt von USA in den Krieg. In Japan ist ein achsenfreundliches Kabinett ans Ruder gekommen. Sicherlich werden wir in Deutschland zurückgebliebenen Juden den »Braten« zu bezahlen haben und müssen mit weiteren Druckmaßnahmen rechnen. Die Hauptsache ist, daß wir dabei nicht die Nerven verlieren. Ich habe gestern fünf Artikel für die G. J. zur Absendung bringen können. In der Mittagsstunde war Elly Bendix da und fragte mich, was ich mit meiner Bibliothek machen würde; das sind Fragen, die ich so besonders liebe. Man kann ja unter den heutigen Zeitverhältnissen keinen Rat geben . . .

21. Oktober 1941; Dienstag
Gestern vormittag in der Dombibliothek gearbeitet; Material für Erfurt exzerpiert. Was USA anbelangt, so ist zunächst nur die Bewaffnung der Handelsschiffe beschlossen worden! Die deutschen Armeen stehen nur noch 50 km vor Moskau. Mein alter Freund Nowitzki sagte mir, wie schlapp die ganze Welt sei . . .
Heute war für mich ein bewegter und sehr anstrengender Tag. Um es vorwegzunehmen, nämlich das Freudige. Als ich nach Hause kam, fand ich zwei Rot-Kreuz-Briefe auf meinem Schreibtisch, je einen von Ruth und Ernst. Von Ruth vom April, von Ernst vom Juni. Die Geschwister besuchen sich gegenseitig und sind glücklich miteinander. Ruth ist auch mit dem Lande sehr zufrieden. Es ist die erste eigenhändige Nachricht von Ruth, seitdem sie drüben im Lande ist; nun beide sind zielbewußt ihren Weg gegangen und werden ihn weiter gehen. Solche Nachrichten halten einen in diesen Zeitläuften aufrecht. Das andere will ich chronologisch berichten. Um 8 Uhr im Gemeindearchiv gewesen . . . Mit Eugen Perle und Direktor Lasch nach dem Friedhof Cosel gefahren. Ich sollte da die vielen Bücher besichtigen, die sich in einem Nebenraum der Halle

befanden. Ein Ostjude Tykocinski arbeitet dort. Ich ordnete an, daß sie in vier Gruppen sortiert würden. Das gänzlich Unbrauchbare soll vergraben werden; deutsche Bücher, Gebetbücher, Bibeln sollen nach den Siedlungen geschickt werden und die eigentlichen wissenschaftlichen Werke möchte ich noch einmal genau durchsehen! . . . Direktor Lasch, der die Grundstücksverwaltung unter sich hat, war auch draußen, um festzustellen, ob noch irgendwelche Räume für Unterkunftszwecke freigemacht werden können, denn die Raumnot wird immer größer. Die fünf Familien, die gegenwärtig im Verwaltungsgebäude untergebracht sind, müssen auch Breslau verlassen, um Platz für andere zu schaffen, die hierbleiben dürfen. Bisher hat ja die Gemeinde noch immer alle untergebracht. In Breslau geht der Abtransport ja noch einigermaßen regelmäßig vonstatten; aber aus anderen Städten, besonders aus Berlin hat man Tausende von Juden weggebracht; in Berlin ist man abends in ihre Wohnungen gekommen, hat ihnen nur drei Stunden zum Fertigmachen gelassen und hat sie sodann abtransportiert. Sie sind wahrscheinlich in die großen Ghetti des Ostens gekommen, wo es sowieso nichts zum Essen gibt. Alle diese rigorosen Maßnahmen beweisen mir immer wieder, wie schlecht es letzten Endes um die deutsche Sache steht. Man will ja wohl vor allem jede Berührung von Juden und Ariern wegen der seelischen Beeinflussung vermeiden . . . Direktor Lasch hat mir auch seine Hilfe in Aussicht gestellt, falls ich einmal aus der Wohnung heraus müßte. Er verfügt ja über den jüdischen Wohnraum! Ein Unterredung mit Eugen Perle gehabt; ich sagte ihm, daß er in irgendeiner Form die »Legalisierung« meiner Tätigkeit als »Archivar« anregen möchte. Ich will das alles gern gratis weitermachen, aber ich möchte in ein bestimmtes Verhältnis zur Gemeinde treten, um dadurch unter Umständen mir das Hierbleiben erkämpfen zu können, woran mir wegen meiner wissenschaftlichen Arbeit viel liegt. Ich sagte ihm, daß ich auch sehr gern die religiöse Versorgung der Neuansiedlungen draußen übernehmen möchte. Dies vor allem aus innerer Berufung . . .

22. Oktober 1941; Mittwoch
Heute vormittag in der Dombibliothek gearbeitet, eine Stunde hebräische Büchertitel aus einer größeren Schenkung des Professor Hoffmann entziffert. Dann Bände der Thüringischen Zeitschrift durchgesehen! Auch ein Urkundenbuch zum exzerpieren vorbereitet . . . Noch grade vor 7 Uhr zur Post gekommen; mich über ein Postfräulein sehr geärgert, die hinter mir eine antisemitische

Bemerkung machte und ins Gesicht sehr freundlich war. Manche Mädel, die durchs BDM gegangen sind, sind eben ziemlich verhetzt . . .

23. Oktober 1941; Donnerstag
Heute früh im Gemeindearchiv gearbeitet; von Ernst ist ein weiterer Rot-Kreuz-Brief gekommen, der allerdings auch schon lang zurückliegt, und in dem er von dem Besuch von Ruth bei ihm schreibt . . .

24. Oktober 1941; Freitag
Gestern nach dem Abendbrot noch mit dem Artikel Eisenach für die G. J. begonnen, den ich heute in der Dombibliothek beendet habe . . . Mater Innocentia hat sich heute so sehr mit unserem Rot-Kreuz-Brief gefreut!

25. Oktober 1941; Sonnabend
Gestern nachmittag noch den Artikel Eisenach fertiggemacht. Ich war dann in der Synagoge, die ja jetzt verhältnismäßig zeitig anfängt; die Liberalen beten im Freundesaal. Perle begleitete mich dann noch ein Stück; mit den Gemeindeinstanzen hat er wegen meiner Archivsache noch nicht gesprochen. An die sogenannten »Großen« ist schwer heranzukommen. Nun, es soll mir keiner ein zweckbewußtes Handeln nachsagen . . . Jetzt früh schon auf der Bank gewesen. Interessante Unterhaltung mit dem Bankvorsteher gehabt. Er ist überzeugt, daß der Führer in Rußland alles schaffen wird und daß die deutschen Truppen sich in dem unermeßlichen Raum nicht verlaufen werden. Er würde an alles denken. Interessant ist die Einstellung. Er meinte daß es besser sei, die Amerikaner würden den Krieg erklären, dann könne man wenigstens jedes Schiff torpedieren . . .
Viele erfreuliche Post erhalten, von Libertini aus Taormina; er geht im November an die Universität Budapest, um römische Archäologie zu unterrichten. Die Manuskripte sind noch alle in Ordnung; von Prof. Görlitz einen rührenden Brief und auch von Eva Kober aus Nymwegen, die sehr an mir hängt! . . .
Heute vormittag ein schönes Stück an dem Artikel Erfurt geschrieben, der sehr umfangreich wird . . . Dann war Herr Tykocinski da, dem ich die hebräischen Dokumente vorlegte. Er hat ein großes hebräisches Wissen und kann die Dinge sehr gut lesen. Wir wollen

in der nächsten Woche dann zusammenarbeiten, und wenn wir das fertiggemacht haben, dann will ich bei ihm auch Gemara lernen.

26. Oktober 1941; Sonntag
Heute hatten wir einen netten Besuch: Paul Zeitz kam mit seiner Frau Else, geb. Proskauer, es ist eine Mischehe, ich weiß nicht ob ich ihn vor Jahrzehnten einmal kennengelernt habe; jedenfalls hat er mir sehr gut gefallen; er ist ein ganz prachtvoller Mann und setzt seine ganze Kraft ein, jüdischen Menschen zu helfen; sein Sohn ist bei Melbourne in Australien interniert und es geht ihm dort gut; die Tochter lebt bei ihnen und ist eine tüchtige Zeichnerin. Durch die beiden haben wir mancherlei über die große Aktion gehört, die jetzt gegen Berliner Juden durchgeführt worden ist. Es handelt sich um sogenannte kriminelle Elemente, meist Leute, die eine kleine Verkehrsstrafe gehabt haben! Sie kommen nach Litzmannstadt. Jedenfalls hat man sie unter ziemlich furchtbaren Umständen aus ihren Wohnungen herausgeholt; es sollen auch viele Selbstmorde vorgekommen sein! Die beiden kamen hierher, reich mit Geschenken beladen, u. a. herrliche Äpfel und eine Flasche Wein. An meiner Bibliothek, die man ja wegen der Kälte nicht lange besichtigen konnte, haben sie auch viel Freude gehabt . . .

27. Oktober 1941; Montag
Von der gestrigen Unterredung mit Herrn und Frau Zeitz ist noch nachzutragen, daß er erzählte, daß in Frankreich zwei deutsche Offiziere erschossen worden sind und daß man furchtbare Vergeltungsmaßnahmen angeordnet hat. Überall Terror. Susannchen ist gestern abend erkrankt, und sie hat heute auch noch Fieber. Es sieht wie Grippe aus. Solange man noch in Breslau ist, kann man wenigstens alles, was notwendig ist, für die Kinder tun!
Heute früh schon einiges am Artikel Erfurt geschrieben; . . . Buchstube im Freundegarten, wo ich für 10 Pfennig eine Schrift zur jüdisch-schlesischen Geschichte kaufte und ein Buch für Prof. Hoffmann. Staatspolizei; dort war es wenigstens in der ehemaligen Wochentagssynagoge gut geheizt; aber die Sache begann mit einer Verspätung von einer halben Stunde. Einzelne, so auch ich wurden gefragt, wo wir das b. v. S. Kto. hätten. Von dort dann trotz scheußlichem Wetter zur Dombibliothek gefahren, weil ich nicht wußte, ob Frau Jilek nicht noch etwas für uns besorgt hätte. Das war aber nicht der Fall und bei dem sehr schlechten Wetter wollte ich sie nicht fortschicken . . .

28. Oktober 1941; Dienstag
Heute war ich schon vor 8 Uhr im Archiv . . . Einige Provinzakten geordnet, vor allem Waldenburg und Trebnitz. Dann mit Herrn Eugen Perle nach Cosel gefahren; . . . Mit Herrn Tykocinski wegen der Bücher verhandelt, die Ordnung der Bücher hat Fortschritte gemacht, leider sind auch Bücher ausgesondert worden, die ich selbst nicht weggetan hätte; ich habe da einiges noch gerettet, vor allem auch Dyhernfurther Drucke, die ich Prof. Hoffmann mitgenommen habe! Mit Perle mancherlei gesprochen; er hat es mit den Leuten sehr schwer; um alles wird herumgeredet, und immer haben sie irgendeine Antwort. Perle hat auch schon wegen meiner Arbeit im Gemeindearchiv mit dem Vorsitzenden der Gemeinde gesprochen, und ihm gesagt, was ich alles leiste. Ich habe das Gefühl, daß Perle sehr an mir hängt. Noch einmal ins Archiv zurück, dann zu Prof. Hoffmann ins Altersheim der Elisabethinerinnen. Ich brachte ihm Bücher mit und erhielt von ihm auch einige herrliche Sachen u. a. den ersten Band der amerikanischen Jewish Encyclopedia. Eine reichliche Stunde haben wir geplaudert und auch unsere Gedanken über die Mater Huberta ausgetauscht, die er nicht sehr schätzt. Er sagte mir auch, daß sie die neugeschenkten hebräischen Bücher nicht ordnungsgemäß in das Accidensbuch einträgt; sei meinte, es könne der Bibliothek schaden. Damit überschreitet sie wesentlich ihre Kompetenzen. Ich sagte ihm auch, welche Pläne ich für den Ausbau der Bibliothek hätte, wenn man mich arbeiten ließe. Nun aber habe ich mich auf meine eigenen Arbeiten zurückgezogen! Bei Prof. Hoffmann in seiner Klosterstube fühle ich mich immer sehr wohl! Für die Kinder gab er mir ein großes Paket Zwieback mit! Vom Friedhof bekam ich auch einige Äpfel geschenkt . . .

29. Oktober 1941; Mittwoch
Heute vormittag in der Dombibliothek, wo ich besonders wichtiges Material für die mittelalterlichen Juden fand . . . Zu Hause hatte ich eine sehr große Freude. Es lag ein sehr lieber Brief von Wölfl da, der aufs liebevollste auf alles eingeht . . . Auch von Dr. Reimitz fand ich einen sehr netten Brief aus Görlitz, er wartet auf seinen Abtransport nach Osten . . .

30. Oktober 1941; Donnerstag
Heute vormittag im Gemeindearchiv gearbeitet, es ist aber sehr fraglich, ob man in dem Keller wird die Arbeit im Winter durchhalten können. Heute hauptsächlich mit den Provinzakten beschäftigt.

31. Oktober 1941; Freitag
Gestern nachmittag mit Herrn Tykocinski gearbeitet, und mit seiner Hilfe verschiedene handschriftliche Dokumente entziffert, zum Teil auch aus dem Besitz von Frau Bendix. Ich werde jede Woche mit ihm arbeiten, und ich hoffe, auf diese Weise auch im biblischen Hebräisch Fortschritte zu machen, vielleicht komme ich auch noch etwas in den Talmud hinein. Es fehlt mir da ja noch sehr viel! . . . Heute früh Dombibliothek; dort etwas aufgewärmt; ich exzerpiere jetzt das Urkundenbuch von Paulinzella mit einem interessanten jüdischen Prozeß aus dem 14. Jahrhundert . . . Heute hatte ich eine kleine Freude. Mein Artikel über Grätz, den ich schon vor sehr langer Zeit dem Nachrichtenblatt eingeschickt habe, ist heute erschienen! So werden viele Leute wieder einmal an mich denken!

1. November 1941; Sonnabend
. . . Heute frühzeitig aufgestanden; viele Gänge; am Automaten an der Gutenbergstraße etwas gezogen, leider keine Bonbons für die Kinder; Dresdner Bank, wo »die Sterne leuchten«; es waren schon viele Juden da; heute ist ja der 1.; ich gehe sonst nicht gern an diesem Tage, aber ich hatte auch zwei Überweisungen zu erledigen . . . Zu Hedwig Bermann gegangen. Sie hat plötzlich den Gedanken, daß sie alle Sachen verkaufen muß; vor allem hat es sie aufgeregt, daß die Schwiegermutter ihres Sohnes das Visum nach Kuba bekommen hat und daß ihre eigene Auswanderung nicht geglückt ist. Dann kam ihr Arzt Dr. Eisner, der mich in eine Unterhaltung über meinen Graetzartikel verwickelte. So etwas habe ich nicht gern, weil wissenschaftliche Theorien sich nicht in einigen Sätzen abmachen lassen . . . Miete bei Mackunse bezahlt; ich hatte schon auf dem Wege dorthin das Gefühl, daß mich eine unangenehme Nachricht erwarte. Er sagte mir, daß einem Regierungsinspektor aus Liegnitz meine Wohnung zugewiesen sei. Dieser möchte schon am liebsten am 1. 12. herein. Auf dem Zettel stand: Datum des Einzugs noch unbestimmt. Mackunse möchte es natürlich nicht gern, weil er ja jetzt im Winter viel Geld in die Renovation hineinstecken müßte, er möchte mich gern behalten.

Aber ich glaube, daß letzten Endes die Partei doch den Sieg davontragen wird und daß wir auch den Weg zu gehen haben werden, den so viele gehen mußten. Die Hauptsache ist, daß man das mit Würde tut und sich nicht aus der Fassung bringen läßt. Daran soll es gewiß nicht fehlen . . .

2. November 1941; Sonntag
Gestern nach dem Abendbrot an dem Artikel Erfurt geschrieben, der eine ordentliche Förderung erfahren hat; auch heute ist er ein Stück vorwärtsgekommen. Arbeit ist immer noch die beste Ablenkung . . . Jetzt mit Trudi noch einen hübschen Spaziergang gemacht; es war zwar ziemlich kalt, aber man muß sich doch einmal auslaufen. Wir waren die einzigen Juden unterwegs. Als uns zwei Jungens Jude nachriefen, sagte ihnen der Offizier, der mit ihnen ging: Schämt ihr euch denn nicht?

3. November 1941; Montag
Heute vormittag Dombibliothek, wo es heute auch nicht sehr warm war, da zwei Tage nicht geheizt worden ist . . . In der Slowakei ist der gesamte jüdische Grundbesitz enteignet worden, die Juden sollen an einigen Stellen konzentriert werden. Man hat jetzt auch die ersten Nachrichten von den nach Litzmannstadt Verschickten. Sie sind in zentralgeheizte Räume gekommen und man hat ihnen ein paar Tage Zeit zur Einrichtung gelassen, bis sie zur Arbeit in der Industrie herangezogen wurden!

4. November 1941; Dienstag
Gestern nachmittag und abend tüchtig für die Germania Judaica gearbeitet, zwischendurch Frl. Witt eine Stunde gegeben; wir nehmen augenblicklich meinen Artikel Prag für die Germania Judaica durch. Frl. W. brachte eine Hiobspost. Frl. Dr. Alice Ölsner hat sich in Havanna auf Kuba das Leben genommen . . . Gestern abend noch lange an meiner Arbeit gesessen, vor allem an dem sehr interessanten Artikel Paulinzella, für den ich ein riesig aufschlußreiches Material gefunden habe. Ein warmes Bad genommen, jetzt auch ein seltener Genuß, da man ja mit der Kohle außerordentlich sparen muß. Früh als ich in den Gemeindehof kam, nachdem ich mir die Schlüssel geholt hatte, waren gerade die ersten Vorbereitungen für den Abtransport nach Riebnig, Kreis Brieg. Ich sprach kurz Emil Kaim. Man tut wohl nichts von seiten der Gemeinde, um den Menschen diesen Abschied von ihrer Heimat etwas zu erleich-

tern. Nachher allein Feuer gemacht; der Heizer Ragolski hat sich bei mir entschuldigt; er hatte vergessen; er hatte nur wenige Stunden Nachtruhe. Dann eine Zeitlang ruhig gearbeitet . . . Später kam der alte Direktor Lasch, der immer sehr nett zu mir ist; er wird mir auch die Fenster des Kellers ordentlich verschließen lassen. Ich zeigte ihm die Glückwunschadresse der Breslauer Gemeinde für König Friedrich Wilhelm II, die so prachtvoll ausgestattet ist. Lasch erzählte mir, daß der Rabbiner Lewin unserer Archiv-Arbeit ganz ablehnend gegenübersteht; er hält das alles für unwichtig, ebenso die Bewahrung der alten hebräischen Drucke in Cosel! Traurig, daß ein Mann wie er eine solche Einstellung hat, aber man ändert ja Menschen in spätem Alter nicht mehr. So sehr mir die Lektüre der Akten im Gemeindearchiv Freude macht, so bedaure ich es doch andererseits oft, daß ich die Arbeit übernommen habe, es gibt leider im jüdischen Bezirk oft Reibungen.

5. November 1941; Mittwoch
. . . Heute vormittag im Domarchiv gearbeitet. Mit dem netten Unterprimaner unterhalten, der über die Geschichte seiner Heimat, das Kloster Heinrichau, arbeitet. So etwas ist heutzutage eine Seltenheit. Er erzählte mir auch, daß er der einzige in seiner Klasse ist, der geschichtlich arbeitet; er erzählt das auch niemandem. Der Direktor berichtete mir sehr verstimmt, welche furchtbaren Greuel im Augenblick in der Provinz Posen gegen die katholische Geistlichkeit verübt werden. Man kann das im einzelnen nicht weitergeben.

6. November 1941; Donnerstag
Heute war schon ein ereignisreicher Tag; heute früh erst Post, dann Gemeindearchiv, wo ich es sehr ruhig hatte. Ich beschäftigte mich hauptsächlich mit den Akten der Gemeinde Fraustadt . . . Nach Tisch dann hingelegt, auch mit Hilfe verschiedener Medikamente geschlafen! Da klingelte es um 3 Uhr, und es kam ein mir unbekannter Arier, mit dem ich zunächst nichts anzufangen wußte. Er entpuppte sich dann als ein früherer Volkshochschüler, Richard Halm. Er war damals bei der Volksfürsorge und ist nun Bauer in Dyhernfurth. Er brachte mir auch ein halbes Pfund Butter mit, für die er nichts bezahlt nahm. Er sagte, er hätte so viel früher von mir gelernt. Ein großes Stück Treue nach neun Jahren! Ich war ganz gerührt. Ich schenkte ihm einige englische Lehrbücher, da er sich jetzt mit dieser Sprache beschäftigt, dann erzählte er mir von dem

Friedhof in D., der zerstört worden ist, aber die Steine sind noch da; er will sehen, daß er mir den Friedhof fotografieren lassen kann. Dann erzählte er mir noch mancherlei von der Lage. Er sieht sie für Deutschland nicht hoffnungsvoll an, die Stimmung der Bauern ist schlecht. Es war eine interessante Stunde, die mich seelisch auch sehr ergriffen hat . . . Dann kam eine Frau, die den Kinderwagen von Tamara kaufte; sie hat einen ordentlichen Preis bezahlt, 50 Prozent des Anschaffungswertes und da sie Gehilfin bei unserem Kolonialwarenhändler Lukas ist, wird meine Frau auch noch manche Vorteile haben! Die Frau sagte: eine Hand wäscht die andere. Daran schloß sich die hebräische Stunde bei Tykocinski; wir haben uns heute noch mit den hebräischen Fotokopien beschäftigt, das nächste Mal wollen wir Chumisch mit Raschi lernen. Kaum war Herr T. da, so kam Kollege Freund; er wollte mich um Rat fragen, ob er sich freiwillig zur Arbeit melden soll, um seine Frau zu schützen und um gegebenenfalls sich vor der Verschickung zu bewahren. Ich sagte ihm aber, man solle nicht Schicksal spielen, man kann nicht wissen, was heute das beste ist . . .

7. November 1941; Freitag
Heute vormittag Barbier, dort den Religionslehrer Davidsohn gesprochen, dann Dombibliothek. Während ich fort war, kam Radecker uns besuchen, der inzwischen noch den jugoslawischen Feldzug und einen Teil des Russenfeldzuges mitgemacht hat . . . Radecker ist vom Siege Deutschlands überzeugt! Synagoge; wir haben schon um fünf gebetet, weil dann noch der liberale G'ttesdienst war . . . Zur Politik ist heute nichts Besonderes zu bemerken! Der Großmufti von Jerusalem kommt nach Berlin! Den hätten sich die Engländer nicht entgehen lassen sollen . . .

8. November 1941; Sonnabend
Heute früh für die G. J. gearbeitet und den Artikel Naumburg im wesentlichen fertiggemacht . . . Heute ist der Vorabend des berüchtigten 9. November! Vor drei Jahren brannten die Synagogen! Und doch wird das jüdische Volk die Zeiten überdauern!

9. November 1941; Sonntag
Heute vormittag tüchtig mit Frl. Cohn gearbeitet; abgesehen von einer Sendung für die Lehranstalt, habe ich auch einen Artikel für das Nachrichtenblatt über Jonas Fränckel zur Absendung bringen

können. Ich bin immer ganz froh, wenn ich Gelegenheit habe, wieder einmal etwas Journalistisches zu machen . . .

10. November 1941; Montag
Heute vormittag in der Dombibliothek gearbeitet; Material für Erfurt exzerpiert; vorher beim Barbier gewesen, die Rede vom Führer gelesen, die er am 9. 11. gehalten hat; er hat wieder furchtbar auf das Judentum geschimpft; hinter dem Kriege stände das internationale Judentum; es ist im Grunde immer dasselbe, was er sagt. Der Ton ist furchtbar und eines Staatsoberhauptes unwürdig . . . Schwester Rahel hat geschrieben! Sie ist immer sehr aufmerksam, aber im Augenblick sehr aufgeregt, weil sie Sorge um die Verschickung hat. Die Menschen, die in einem rein jüdischen Kreis leben, ruinieren sich durch die Gerüchtemacherei sehr die Nerven!

11. November 1941; Dienstag
Heute ist Ruths Geburtstag, und meine Gedanken sind sehr stark bei diesem Kind, das in so jungen Jahren konsequent und zielbewußt seinen Weg gegangen und ihn mit Hilfe des Allmächtigen hoffentlich weiter gehen wird! . . . Meine Frau hat einen kleinen Kuchen gebacken, damit die Geschwister auch etwas von diesem Tag merken. Es ist immer zu süß, wenn die kleine Tamara sagt: »Meine Ruth« . . . Heute früh ins Gemeindearchiv, wo es schon hübsch warm war, wofür ich besonders dankbar bin; bis kurz vor 9 Uhr gearbeitet, dann bei Prof. Hoffmann im Kloster der Elisabethinerinnen gewesen; mit Herrn Perle nach Cosel gefahren; Prof. Hoffmann fuhr getrennt; ich wollte ihn nicht in eine schwierige Lage (bringen), ebenso auf dem Rückwege . . . Auf dem Friedhof die Bücher angesehen, Tykocinski hat gut erklärt! Prof. Hoffmann hat sich auch einiges herausgesucht; Herr Perle hat dies ausdrücklich gestattet; dann noch ins Archiv zurück, wo ich mich etwas erwärmte und heißen Kaffee trank. Auf Anordnung der Behörde hat auch der Freundesaal geräumt werden müssen, das heißt nur ausgeräumt; das Gestühl mußte entfernt werden, was man damit will, ist noch nicht so recht klar; es kann der Saal ein Sammelraum sein, wenn man wieder Juden abtransportiert. Nun, wie es kommt, muß es gefressen werden. Da hilft nichts! Irgend etwas liegt zweifellos in der Luft! Die Rede hat auch wieder aufputschend gewirkt! Heute ist meine Frau beim Lebensmitteleinkauf zum ersten Mal angepöbelt worden. Im allgemeinen ist ja das Verhalten des Publikums korrekt! . . .

12. November 1941, Mittwoch;
Gestern nachmittag tüchtig für die G. J. gearbeitet; heute vormittag im Domarchiv, schönes Material für Erfurt gefunden. Die Post brachte heute manches Erfreuliche. Eine Karte von Gräfe, auch über den Luftangriff in Berlin, ein Brief von Hilde Ottenheimer, mit einer Abschrift eines Briefes von Baeck; er hat nun an den Vorsitzenden der Gemeinde geschrieben, daß er Wert darauf legt, daß ich in Breslau bleibe. Hauptfreude, am Abend kam wieder ein sehr lieber Brief von Wölfl, der auf alles aufs liebevollste eingeht; er scheint ja doch sehr gern aus Afrika heraus und nach Amerika zu wollen. Möchte es ihm nur gelingen. Ich war sehr froh über diesen Brief!

13. November 1941; Donnerstag
Heute nacht leider sehr lange munter gelegen, aber die Zeit wenigstens benutzt, um den Thoraabschnitt Chaje Sarah zu lernen; jetzt am Nachmittag hatte ich Stunde bei Herrn Tykocinski, er hat mir ein Stück des Abschnitts mit Raschi vorgelernt. Früh Post, dann Gemeinde; ich fand das Archiv schon gut geheizt vor, aber man muß ununterbrochen heizen, um es in dem Keller auszuhalten; es kamen verschiedene Leute, um ihre Stammbäume sich machen zu lassen, weil sie das meist zu Affidavitzwecken brauchen. Es ist manchmal schwer, aus ihnen das Richtige herauszufragen, damit man ihnen weiterhelfen kann. Auch Isidor Lichtenberg kam, er sucht den Trauschein seiner Eltern, den er zu seiner eigenen Trauung braucht; mir macht gerade auch die praktische Seite der Archivarbeit Freude! Nachher noch in der jüdischen Buchstube gewesen, wo ich eine Bücherkiste ausgepackt habe, die dem Lehrer Schönfeld gehört! Ich werde mir auf diese Weise eine große Reihe älterer Jahrgänge der Monatsschrift für Gesch. u. Wissenschaft des Judentums vervollständigen können. Heute vormittag gab es mehrere gewaltige Knallgeräusche. Man sprach von Fliegerbomben, aber es scheint sich um Sabotageakte oder ähnliches zu handeln! Etwas Genaues weiß man nicht. Neudorfstraße/Ecke Sadowastraße und am Hauptbahnhof sollen Schäden entstanden sein! Nachts war auch erhöhte Alarmbereitschaft, wie man nachträglich erfahren hat. Die Luftangriffe werden jetzt sicher größeren Umfang annehmen!

14. November 1941; Freitag
Es war doch gestern ein regulärer Fliegerangriff mitten am Tage. Die Zeitung schreibt, daß es sieben Bomben und sieben Tote gegeben haben soll. In Wirklichkeit aber dürfte es größere Verluste gegeben haben. Natürlich wird der Bericht so frisiert, als ob es sich um einen Angriff auf harmlose Zivilbevölkerung gehandelt habe, der Angriff war aber auf den Hauptbahnhof geplant und hat dort auch ganz in der Nähe eingeschlagen; man spricht davon, daß der Güterverkehr lahmgelegt ist. Mater Huberta erzählte, daß ein Militärarzt, der gerade zum Bahnhof ging, um sich nach den Zügen zu erkundigen, dazu kam, wie eine Bombe einschlug und einer Frau beide Beine wegriß! . . .

15. November 1941; Sonnabend
Gestern noch einiges für die G. J. gemacht, wegen der großen Kälte bin ich dann nicht mehr in die Synagoge gegangen, wir haben dann noch einen gemütlichen Freitagabend verlebt! Heute frühzeitig beide Öfen geheizt und dann zur Bank, wo 25 Mark auf meinem b.v.S. Kto. vom Nachrichtenblatt eingegangen waren; als ich nach Hause kam, traf ich die Briefträgerin auf der Treppe; die Post brachte für uns keine schöne Nachricht; wir müssen voraussichtlich am 30. 11. die Wohnung räumen und werden voraussichtlich verschickt werden, falls uns nicht die Gemeinde reklamiert. Wohin usw. weiß man noch nicht. In dieser Jahreszeit, wo eine böse Kälte eingesetzt hat, ist das doppelt grausam, aber das muß nun alles bewältigt werden, und man muß versuchen, im Interesse der Kinder durchzuhalten und das was ich anderen zugerufen habe, chasak weemaz, das gilt nun auch für mich selbst. Bei dem anfälligen Zustand der Kinder ist das alles besonders schlimm! Aber G'tt wird uns schon helfen! Wir haben dann noch mit unserer Nachbarin alles durchgesprochen; später bin ich noch zu Eugen Perle gegangen, der mich immer gut beraten hat, er wußte es schon; er hatte auch schon mit dem Vorsitzenden Dr. Kohn gesprochen, er gab mir den Rat, mich persönlich an den Direktor Lasch zu wenden, der ja die Unterbringung unter sich hat. Perle meinte, daß die Gemeinde mich reklamieren würde, wenn ich eine Unterkunft hätte. Er riet mir auch, mich mit Pakulla in Verbindung zu setzen; das habe ich auch getan, ich habe ihn im Gemeindegrundstück erwischt. Er sagte mir, daß er sein Äußerstes tun würde, mir ein Zimmer zu verschaffen . . . Es sind übrigens 300 Wohnungsinhaber von der Kündigung betroffen worden, das bedeutet 1200 bis 1500 Juden!

Bis Montag werden wir weitergehende Entschlüsse noch nicht treffen können, aber es muß alles durchdacht werden! Der Luftangriff auf Breslau hat zehn Tote gekostet, jedenfalls steht für diese Leute in der »Schlesischen Tageszeitung« eine Anzeige! Ein Blindgänger ist in der Straße der SA eingeschlagen; die Hauptbombe soll in der Tankstelle von Mercedes-Benz eingeschlagen sein. All das aber werden wir letzten Endes bezahlen! USA hat jetzt das Neutralitätsgesetz geändert. Ihr Schiffe können nun auch feindliche Häfen anlaufen. Es ist das im Grunde auch der Krieg mit USA. Es ist ein Kampf um Sein oder Nichtsein fast für den ganzen Erdball! Unsere Angehörigen werden draußen in der Sorge um uns viel durchmachen. Aber wir stehen dem gänzlich machtlos gegenüber... Goebbels soll eine Rundfunkrede gehalten haben, wer mit einem Juden spricht, wird als Jude behandelt. Wie müssen die Dinge in Wirklichkeit stehen!

16. November 1941; Sonntag
Gestern nachmittag eigentlich das erste Mal in meinem Leben, oder mindestens in den letzten Jahren, daß ich, abgesehen von den Operationstagen, nicht zu arbeiten in der Lage war. Es ging mir sehr vieles im Kopf herum... Ich habe den eisernen Wunsch, im Interesse der Familie keinesfalls schlappzumachen.

17. November 1941; Montag
Gestern vormittag mit Frl. Cohn gearbeitet, über eine blöde Redensart von ihr geärgert. Nachmittag mit Tamara etwas spazierengegangen; es war eine ganz schöne Sonne; die verschiedenen Stellen besichtigt, wo neulich die Bomben eingeschlagen haben. (In der) Neudorfstraße ist ein Haus sehr demoliert. Dr. Hadda muß auf seine eigenen Kosten das Sanatorium Bukesfiel, das ihm gehört, instand setzen lassen; das sagt ein Luftschutzgesetz! Heute früh ein unangenehmer Gang zur Gemeinde; erst mit Dr. Silberstein gesprochen, dann mit Direktor Lasch; er sagte mir, daß, wenn ich von seiten des Vorstandes reklamiert würde, er mir eine Wohnung, d. h. ein Zimmer beschaffen würde. Lasch war sehr verständnisvoll. Zwischendurch immer mit Eugen Perle gesprochen, der mich taktisch beraten hat; dann mit dem Vorsitzenden der Gemeinde, Dr. Kohn... Zuerst sagte er mir, daß bei der Geheimen Staatspolizei keine Möglichkeit bestände...

Jüdisches Leben in der Provinz Schlesien und in Breslau 1940/41
(The Wiener Library, P–III. a. NO 619, 02/483)

Provinz
Die kleinen Städte Öls, Grottkau, Münsterberg, Cosel und viele anderen dürften so gut wie judenrein sein. Auch in Liegnitz leben nur sehr wenige Familien. Nach meiner dunklen Erinnerung acht. Das Leben dort sehr unangenehm. Verhältnismäßig am besten in den größeren Städten. Oberschlesien (Beuthen, Gleiwitz). Keine Meldung wie in Breslau (etwa vierteljährlich dort und beschränkte Freizügigkeit).
Die Einwanderung nach Breslau ist nicht bedeutend, wie ich glaube. Früher jedenfalls sind die reichen Provinzjuden nach Berlin eingewandert, solange dahin die Einwanderung möglich war – wie mir der Dezernent der Gemeinde vor Jahren mit Befriedigung mitgeteilt hat.
Die Zahl der nach Breslau einwandernden Provinzjuden kann ich ohne Unterlagen auch nicht entfernt schätzen. Vielleicht ist eine Zahl von 200 bis 500 annähernd richtig.

Jetzige Einwohnerschaft in Breslau
Etwa einschließlich der Eingewanderten 6000 bis 7000, früher 18 000. Es arbeiten:
1. Etwa sechs bis acht jüdische Rechtsanwälte (»Consulenten«).
2. Etwa 40 bis 50 jüdische Ärzte (»Krankenbehandler«) und etwa 15 Zahnärzte.
3. Arzt – Anwälte – Krankenhaus – Pflege – Küchen – Verwaltungs-, Hauspersonal usw.
4. Das Gesamtpersonal der Verwaltung der Gemeinde, nebst den angeschlossenen Organisationen und des Hilfsvereins.

Zu 3. und 4. jetzt um 40 Prozent herabgesetzt. Nach meiner dunklen Erinnerung früher 1400 (höchst ungenau).

5. Schneider, Schneiderinnen, Barbiere, Badehauspersonal, Schuhmacher, Friseusen und andere von dem Regierungspräsidenten zugelassene Berufsangehörige (insgesamt etwa 50 bis 100).

Arbeitsdienst
Alle Männer von 16 bis 60 Jahren und alle Frauen von 16 bis 55 Jahren sind meldepflichtig, von den Vertrauensärzten (jüdischen) untersucht und zum großen Teil mit Arbeiten, zum Teil niedrigster Art, vielstündig und schwer, beschäftigt. (Sortieren von Papier, Lumpen, Scherben usw. aus dem von der städtischen Marstallverwaltung geholten Hausabfall, Schneeschippen) meistens in Vororten oder an der Peripherie der Stadt. Lohn: RM 1,–, wovon noch Straßenbahnkosten, 30 Pf., abgehen, Tageslohn. (Zu- und Abgangsweg etwa 1 Stunde.) Andere im Straßenbau und anderen Betrieben beschäftigt. Ich kenne auch einen gelernten Gärtner bei den Linke-Hoffmann-Werken. Der Lohn, auch des letzteren, bleibt erheblich hinter den arischen Arbeitslöhnen zurück. Die Behandlung der jüdischen Arbeiter durch die Betriebsinhaber bzw. sonst leitende Stellen, durch die Aufseher, Vorarbeiter und andere Arbeitskameraden, ist fast durchweg einwandfrei. Alle erkennen den Arbeitswillen der Juden und ihre Leistungen an, nehmen auch auf den Mangel an Geschicklichkeit und körperlichen Fähigkeiten Rücksicht.
Nicht wenige Krankheiten infolge Überanstrengung.
Die (aufs engste) zusammengelegten Krankenhäuser überfüllt. Auch Mischlinge und Evakuierte aus Polen werden in Krankenhäusern behandelt.
Die meisten Juden sind bleich, abgemagert und schäbig gekleidet, selbstverständlich auch die früher wohlhabenden. Auf der Straße sind sie schwer und nicht sofort erkennbar, mindestens ein Teil. Von Frauen gilt dies weniger.
Es gibt natürlich auch sog. reiche Juden, vielleicht mehr, als der einzelne gefühlsmäßig annimmt. Ich meine heute über 100 000 RM. Bei wahrer Schätzung vielleicht 150 bis 200. Reichtum nur auf dem Papier. Sperrkonto, das unnachsichtig streng von den besonders übelwollenden Beamten dieser Abteilung der Devistenstelle verwaltet und beaufsichtigt wird. Freigabebetrag sehr gering.
Lifts und sonstiges Reisegepäck der Auswanderer wird beschlagnahmt und versteigert. Genaue Erkundigungen der Gestapo. Besonders scharf in Frankfurt am Main. Mein sehr wohlwollender

Spediteur sandte mehrere Wochen vor meiner Ausreise das Gepäck über Basel, so daß ich bei der Abmeldung am Tage der Ausreise die erfolgte Absendung des Gepäcks der Gestapo senden konnte. Sie war über die Einzelheiten der Spediteurbetriebe genau unterrichtet.
Immer größer werdende Zahl der Wohlfahrtsempfänger und immer kleiner werdendes jüdisches Steueraufkommen.
Gemeinde nicht mehr Körperschaft des öffentlichen Rechts, sondern privater rechtsfähiger Verein, von der Gestapo fortgesetzt beaufsichtigt. Gemeinde, Anstalten und Stiftungen und alle sonstigen Vermögensmassen verschmolzen zur »Reichsvereinigung«, von der Gestapo beaufsichtigt. Die Herren an der Spitze sehr sparsam und wenig angenehm. Zahlungen häufig nur auf Klageandrohung (eigene Erfahrung als Stiftungsvorsteher). Begründung: Katastrophale Lage der »Reichsvereinigung«, vielleicht wirklicher Grund: Furcht vor der Gestapo.

Ghetto
Völliges geistiges Ghetto, tatsächliches Ghetto wird gefürchtet. In Berlin Bannstraßen. In der elektrischen Bahn in Breslau nicht die geringste Änderung. Anders in anderen Städten, z. B. Dresden. Im allgemeinen kein Haß, eher Mitgefühl.

Behördliche Anordnungen
Verboten: Betreten der meisten Grünanlagen und Kinderspielplätze, das Sitzen auf öffentlichen Bänken (mit Ausnahme derer der Straßenbahn). Friseure völlig verboten (Widerstand einzelner Friseure). Autofahren; ganz genaue Zeiten und Tage für Kolonialwaren und Geschäfte, genau bezeichnete Verkaufszeit und Inhalt. Neueste Anordnung vor etwa drei Monaten: Jeder Jude hat bei Inverbindungtreten mit einer Behörde oder Privatperson unter Vorlegung seiner Kennkarte seinen vollen, also auch religiösen Namen unter Hinzufügung, daß er Jude sei, zu nennen (Streitfragen: Straßenbahn?). In den Schulungsabenden offenbar bekanntgegeben.
Hülsenfrüchte, Fische, Keks verboten, keine Kleiderkarten. Nähmaterial bis zu 20 Pfennig.

Für Auswanderer
In Berlin mußte ich einen Revers unterschreiben: Kein Angehöriger darf den Auswanderer bis zum Zuge begleiten, muß also vor

dem Bahnterrain bleiben. Vorhänge verschlossen, kein Auswanderer darf ans Fenster gehen.

Aussehen
Sehr viele, meistens Männer, bleich, abgemagert, in schäbiger Kleidung, schwer im ersten Augenblick erkennbar. Angeblicher Ausspruch Hitlers: In einigen Jahren wird es in Deutschland nur jüdische Friedhöfe und Schnorrer geben. Herausgehen nur mit dem Rucksack und 10 Mark.

Jüdisches Leben in Breslau

Vorstand (Führerprinzip)
Bis vor wenigen Monaten Vorsitzender Stadtrat Less. Etwas heimlich, etwa im Mai ausgewandert. (Volksmund: Deutschland ohne Hess, Breslau ohne Less.) Jetziger Vorstand:
1. Vorsitzender: Landgerichtsrat a. D. Dr. Kohn, vornehm, kenntnisreich, gewissenhaft.
2. Gemeinderabbiner Dr. Lewin: scharfer Verstand, umfassendes Wissen, glänzender Redner, Gedanken und Sprache in der Gewalt, hochgebildet, auch in der Kultur der Umwelt, fleißig, schnell in seinem Dezernat, im wesentlichen Wohlfahrt (gründlich), aber stark angefeindet und aufs Höchste unbeliebt, ohne das geringste Gefühl und ohne die geringste Verbindung mit dem einzelnen.
3. Großkaufmann Kaim, sehr vornehm, sehr ruhig, nicht übermäßig menschenfreundlich.
4. Orthodoxer Gemeinderabbiner Hamburger, still, gläubig, hilfsreich, Wohltun übend (wie seine Gattin).

Hilfsverein
Getrennt von der Gemeinde, aber selbstverständlich im inneren Zusammenhang. Nach Ausscheiden des Landgerichtsrats Dr. Kohn jetzt:
1. Rechtsanwalt Dr. Spitz
2. Rechtsanwalt Dr. Goldmann, angeblich jetzt abgebaut
3. Pollak, früherer Vorsitzender des Reichsbundes jüdischer Frontsoldaten in Breslau, jetzt auch Verbindungsmann zwischen Gemeinde und Hilfsverein einerseits und Gestapo andererseits. (Verantwortliche, meist unerfreuliche Tätigkeit.)

Die Persönlichkeit, Fähigkeiten und Tun der Herren werden aufs Schärfste kritisiert. Meines Erachtens zu Unrecht. (Enttäuschte Hoffnungen wegen der Ungunst der Verhältnisse.) Ich habe niemals Grund zur Klage gehabt, im Gegenteil, so häufig ich kam, trotz der Überbürdung der Herren, stets Gehör und Freundlichkeit gefunden. Von einzelnen substantierten Klagen habe ich wenig gehört, bin auch gegenüber solchen Darstellungen mißtrauisch. Ein Jugendfreund von mir hat mir mitgeteilt, eine Reise nach Shanghai sei mißglückt, weil ein erforderliches Visum durch Schuld des H. V. verfallen sei, sein Gepäck sei schon in Shanghai. Ein anderer, Arzt, hat darüber geklagt, daß seine Ausreise mißglückt wäre, wenn er nicht durch eigene Maßnahmen und durch Maßnahmen der Hapag Fehler des H. V. im letzten Moment korrigiert hätte. Hier habe ich gehört, daß an der Ungeschicklichkeit der Herren, besonders des erstgenannten, Hunderten (?) die Ausreise unmöglich geworden sei. Vielleicht sind die Herren (Bürokraten) nicht behende genug. In der inneren Verwaltung tätig, die Gattin eines früheren Rechtsanwalts hervorragend tüchtig und überlastet, Frau Dr. Mannsberg. Gehälter bei allen Arbeitern der Gemeinde und der angeschlossenen Organisationen beim Hilfsverein in fast unerträglicher Weise gekürzt. Den Geistlichen Gehalt vollkommen entzogen, übrigens wie verlautet, auch den Geistlichen anderer Religionen, sie sollen gezwungen werden, irgendeinen Beruf zu ergreifen (Rußland).

Jüdische Wissenschaft
Frankelsches Rabbinerseminar geschlossen, ebenso Bibliothek. Alle übrigen Bibliotheken der Gemeinde geschlossen oder aufgelöst, zumal das Haus enteignet. Also überhaupt keine jüdische Wissenschaft. Der neue Tempel, 1863 gebaut und vor wenigen Jahren restauriert, am 10. November vollkommen zerstört und dem Erdboden gleichgemacht. Jetzt sollen Garagen gebaut werden.
Neueste Anordnung Goebbles: Alle Bilder, Sammlungen, Bücher, die einen antiken Wert haben (also auch die alten Talmudfolianten) müssen angegeben und offenbar abgegeben werden (Genaueres vorbehalten).

Kultus
Täglich und an Sonn- und Feiertagen G'ttesdienst, soweit nicht, was wohl nur im Jahre 1939 vorgekommen ist, polizeilich verboten. In der alten ehrwürdigen Storchsynagoge, die wohl von der Zerstörung nur wegen der umliegenden hart angrenzenden Häuser ver-

schont geblieben ist. Am Versöhnungsfest liberaler G'ttesdienst in dem Hause des früheren »Vereins der Freunde«.
Offenbar keine Harmonie zwischen Orthodoxen und Liberalen. (Streit höchst unnötig in der Jetztzeit.) Bestrebungen, den orthodoxen Gottesdienst abzuschaffen.
Im Winter Schwierigkeiten wegen Kohlenmangels.

Kulturbund
Bemühungen, Theatervorstellungen, Konzerte und Kino trotz größter Schwierigkeiten zu veranstalten, Bühne im »Freunde-Haus« (siehe oben). Vorstellungen überfüllt, werden sehr gelobt. Nur Juden Zutritt. Legitimation durch Ausweiskarte.

Jüdische Geschichte

Zur Wiederkehr des 50. Todestages von Heinrich Graetz

Von Dr. Willy Israel Cohn, Breslau

Wenn hier des jüdischen Historikers Heinrich Graetz gedacht wird, so gibt dazu vor allem die Tatsache Veranlassung, daß sich in diesem Jahre sein Todestag zum 50. Male jährt. Darüber hinaus hat aber auch Graetz im jüdischen Geistesleben ein besonders großes Ansehen gewonnen. Werfen wir zunächst einen Blick auf den Ablauf dieses Gelehrtenlebens. Heinrich, oder wie er eigentlich hieß, Hirsch Graetz, wurde am 31. Oktober 1817 in Xions geboren. Zunächst war sein Ausbildungsgang der wie so vieler anderer jüdischer Knaben aus jener Zeit und jener Gegend auf die rein jüdischen Gegenstände beschränkt. Die Lebensumstände der Eltern waren sehr bescheiden – sie ernährten sich von einer Fleischerei, sie konnten dem begabten Knaben nicht allzuviel bieten. Nach Vollendung seines 13. Lebensjahres wurde beschlossen, daß er Rabbiner werden sollte. 1831 wurde er nach Wollstein geschickt, und hier hat er in der Schule des Rabbiners Samuel Munk eifrig gelernt. Sein reger Geist aber begnügte sich nicht mit dieser einseitigen Ausbildung; ohne daß er dazu irgendeinen Lehrer heranziehen konnte, brachte er sich auch selbst die weltlichen Wissenschaften soweit bei, daß er später die Erlaubnis bekam, die Universität zu besuchen. Seine Universitätsstudien schloß er 1845 mit der Promotion zum Doktor der Philosophie ab. Bis dahin aber hatte er noch einen weiten Weg zurückzulegen. Schon 1834, als er erst 17 Jahre alt war, hatte ihm sein ausbildender Rabbiner den Chaber-Titel verliehen. Später lernte er eine Zeitlang unter Anleitung von Samson Raphael Hirsch. Hirsch war diejenige Persönlichkeit, die der konservativen Richtung im Judentum eine neue und entscheidende Prägung gab. Den weiten Weg von Wollstein bis nach Oldenburg hat Graetz zu Fuß zurückgelegt. Hier hat er drei Jahre verbracht, bis es ihn dann wieder nach dem Osten zurückzog und er nunmehr sein Universitätsstudium antreten konnte.

Entscheidend für sein späteres Schaffen auf dem Gebiete der jüdischen Geschichte wurde seine Abhandlung »Die Konstruktion der jüdischen Geschichte«. Hier gab er gewissermaßen die Richtlinien, nach denen er später sein Geschichtswerk schrieb. Der Kampf um das Dasein zwang Hirsch, nach einer Brotstelle zu suchen; so hat er verschiedentlich gewirkt, u. a. leitete er die israelitische Schule in Lundenburg. 1852 ging er nach Berlin und 1853 veröffentlichte er aus seiner Geschichte der Juden zunächst den IV. Band. Diese Veröffentlichung war die äußere Veranlassung, daß er an das Jüdisch-Theologische Seminar in Breslau berufen wurde, das eben damals auf Grund des Testamentes von Jonas Fraenckel seine Tätigkeit begann. Von diesem Augenblick an ist eigentlich über sein äußeres Leben nichts mehr zu berichten. Von nun an bis zu seinem Tode 1891 hat er als Lehrer ge-

129

wirkt. Dieser seiner Tätigkeit, der Ausbildung der Rabbiner und der Vollendung seiner jüdischen Geschichte hat er sein Leben gewidmet. Daß ihm das möglich war, verdankte er nicht zum wenigsten auch seiner Frau, die die Tochter eines Buchhändlers war, der sich um das hebräische Schrifttum wohl verdient gemacht hat und die als seine treue Mitarbeiterin gerühmt wird. Als er bei seinem Sohn in München zu Besuch weilte, wurde er von dieser Erde abberufen. Das, was von ihm sterblich war, fand seine letzte Ruhe auf dem jüdischen Friedhof Lohestraße in Breslau, in jener Ehrenreihe, wo so viele bedeutende jüdische Gelehrte die Ruhe gefunden haben.

Graetz hat über 200 Schriften veröffentlicht, die von seinem Nachfolger auf dem Lehrstuhl für jüdische Geschichte am jüdisch-theologischen Seminar in Breslau, von Marcus Brann, in der Geschichte dieser Anstalt anläßlich des Festes des 50jährigen Bestehens zusammengestellt worden sind. Von diesen vielen Schriften wird das meiste nur den Fachgelehrten interessieren. Was aber die Jahrzehnte überlebt hat, ist seine schon erwähnte Geschichte der Juden, die elf Bände umfaßt und in den Jahren 1853 bis 1870 herauskam. Eine solche Riesenleistung in verhältnismäßig kurzer Zeit zu bewältigen, war nur einem Manne möglich, der seinen Arbeitstag bis über die Grenze des üblichen ausdehnte und der durch nichts von dem einmal eingeschlagenen Wege sich ablenken ließ. Letztlich ist ja wissenschaftliche Leistung nur in der Einseitigkeit möglich. Dieses große Werk hat vielfache Auflagen erlebt; es ist in viele fremde Sprachen übersetzt worden, und es wurde auch notwendig, eine Volksausgabe herauszubringen, die auf den Anmerkungsapparat verzichtet.

Wie kam es nun zu diesem seltenen Erfolg gelehrter Arbeit? Die Geschichte der Juden von Heinrich Graetz ist eigentlich die erste jüdische Geschichte, die von einem Juden geschrieben worden ist. In den über 1800 Jahren, in denen die Juden damals in der Zerstreuung lebten, haben sie für ihre eigene Geschichte verhältnismäßig wenig Interesse gehabt, soweit sie sich nicht im Lande der Bibel abgespielt hat. Graetz verstand es, durch sein Werk den Juden auch die vielen Jahrhunderte nach der Zerstörung des zweiten Tempels näherzubringen. Sein Werk hat auf die Juden in anderen Teilen nicht in dem Umfang gewirkt, wie auf die Juden des Ostens, wo das jüdische Bewußtsein viel stärker erhalten war.

Durch viele Jahrzehnte hindurch hat das Werk von Graetz die jüdische Auffassung von der Geschichte stark beeinflußt und vielen Generationen heranwachsender Juden Liebe und Achtung vor ihrem Judentum eingeflößt.

Gerade weil dieses rückhaltlos anerkannt werden muß und weil in diesem Sinne die Bedeutung seines Werkes auch heute noch nicht erschöpft ist, darf aber auch in einem Aufsatz, der ihn zu würdigen hat, das Wort der Kritik nicht fehlen. Darüber hinaus sind ja auch seit Abschluß dieses Werkes so viele Jahrzehnte vorbeigegangen, daß es traurig wäre, wenn die jüdische Wissenschaft seitdem nicht Fortschritte gemacht hätte. In diesem Rahmen kann nur angedeutet werden, worum es sich handelt.

Graetz hat sich bei der Abfassung seines Werkes von glühender Liebe zum jüdischen Volk, zum jüdischen Glauben tragen lassen. Er schreibt dieses Werk mit letzter Leidenschaftlichkeit einseitiger Stellungnahme. Es fehlt ihm im wesentlichen die ruhig abwägende Quellenkritik, die gewiß geschichtliche Bücher nicht immer leicht lesen läßt, die aber doch als oberstes Ziel hat, Licht und Schatten recht zu verteilen. Es fehlen Graetz auch im wesentlichen die wirtschaftsgeschichtlichen und rechtsgeschichtlichen Kenntnisse, ohne die eine abschließende Geschichte der Juden niemals geschrieben werden kann. Durch diesen Mangel und dadurch, daß er nicht immer zu den letzten Quellen herabgestiegen ist, kommt er sehr oft zu Ergebnissen, die der Prüfung nicht standhalten. Vielleicht ist die kritische Sichtung des ganzen Materials überhaupt für einen einzelnen Forscher nicht mehr möglich, und damals, als Graetz sein gewaltiges Werk schuf, war es gewiß nicht denkbar. So warten wir auch heute noch, 50 Jahre nach dem Tode von Graetz, auf ein grundlegendes Werk eines jüdischen Geschichtsschreibers, das die Ursachen unserer Schicksale in der Zerstreuung an der Hand der Quellen aufdecken soll. Dieses Werk müßte einstmals durch Arbeitsteilung geleistet

130

werden, so wie das auch bei geschichtlichen Werken geschieht, die sich über einen ungeheueren Zeitraum erstrecken. Gerade die unbeschränkte Hochachtung, die wir vor Graetz haben, weil er als Pionier in längst vergangener Zeit wagemutig in neues Land vorgestoßen ist, zwingt uns, in diesen Worten, die seinem Andenken gewidmet sind, auch das aufzuzeigen, von dem wir glauben, daß es die Aufgabe für künftige Geschlechter jüdischer Gelehrter ist. Der wirkliche Gelehrte ist im Grunde glücklich, wenn seine Arbeit überholt ist, weil er dann erkennt, daß die Wissenschaft fortschreitet.

Solange es jüdische Menschen geben wird, werden sie das Andenken dieses jüdischen Historikers treu bewahren, der in seiner stillen und zurückgezogenen Welt die Gestalten der Vergangenheit beschwor.

Jüdisches NACHRICHTENBLATT

Jonas Fränckel
Eine Hundertjahr - Erinnerung

Es sind in diesen Tagen 100 Jahre vergangen, seitdem Jonas Fränckel an die Spitze des Obervorsteherkollegiums der Jüdischen Gemeinde in Breslau getreten war. Diese Tatsache allein aber würde gewiß nicht rechtfertigen, daß man auf diese Persönlichkeit die Aufmerksamkeit der Juden in Deutschland lenkt. Wodurch der Name dieses Mannes aber in die jüdische Geschichte eingegangen ist, ist der Umstand, daß durch sein Testament das jüdisch-theologische Seminar in Breslau begründet worden war, das viele Jahrzehnte hindurch eine der großen Pflegestätten jüdischer Gelehrsamkeit in Deutschland gewesen ist. Aus seinen Reihen sind Rabbinerpersönlichkeiten hervorgegangen, die überall, wo auch immer Juden ihres Judentums bewußt leben, geachtet sind. Die Gestalt dieses Mannes aber soll der Vergessenheit entrissen werden. Am 11. Juni 1764 erhielt der Landrabbiner Isaak Josef (Josef Jonas) Fränckel ein Generalschutz- und Handelsprivilegium für sich und seine Nachkommenschaft. Die Enkel des Landrabbiners, David und Jonas Fränckel, brachten es in der Jüdischen Gemeinde zu großem Ansehen, und im besonderen war es Jonas Fränckel, der die Aufmerksamkeit auf sich lenkte. Es war ein bescheidener Mann, der von dem Bedürfnis, seine Kräfte zu betätigen, erfüllt war. Und doch beschränkte er sich Jahrzehnte auf seine berufliche Arbeit. Er wie auch sein Bruder David waren Junggesellen geblieben, und da sie für sich selbst kaum etwas brauchten, so verwandten sie das, was ihnen an irdischem Gut zufloß, teils zu Lebzeiten für wohltätige Stiftungen aller Art; vor allem aber errichteten sie ein Testament, durch das sie all das, was sie besaßen, jüdisch-sozialen Zwecken zuführten. Dieses einzigartige Testament wird für alle Zeiten ein Dokument jüdischer Frömmigkeit bleiben. Es beginnt mit den Worten: »Im Namen G'ttes, des G'ttes unserer Väter! Dir, o Herr, empfehle ich meine Seele! Da es dem Sterblichen nicht vergönnt ist, das Ziel seines Lebens zu bestimmen, so habe ich heute, wo ich mich noch im Besitz aller meiner geistigen Kräfte befinde, wohlbedächtig Bestimmungen getroffen, wie es dereinst nach meinem Ableben mit meinem Nachlaß gehalten werden soll, und verordne demnach, da ich keine zum Pflichtteil berechtigten Noterben, sondern nur Seitenverwandte hinterlasse, folgendes: Ich bestimme nämlich mein ganzes Vermögen . . . zu milden Zwecken, teils für meine Verwandten, teils für öffentliche Anstalten.«

Von den Schöpfungen, die nur für den engeren Kreis der Juden in Breslau bestimmt waren, sei hier nur andeutungsweise die Rede. So wurde ein Zufluchtshaus für unverschuldet herabgekommene jüdische Familien geschaffen. Schon zu Lebzeiten hatte sein Interesse vor allem auch den Kranken gehört, für die er stets eintrat. Darüber hinaus stiftete er ein baulich vollendetes Hospital für bedürftige Juden, wo gleichzeitig auch eine Knaben- und Mädchen-Waisenanstalt Aufnahme fand. Dort auch betreute er die alte Lehrstätte, die einst sein Großvater geschaffen hatte. Der wesentliche Paragraph seines Testamentes aber war die

Bestimmung, daß ein Seminar zur Heranbildung von Rabbinern und jüdischen Lehrern geschaffen werden sollte. Die neue Rabbinergeneration sollte einerseits in modern-wissenschaftlicher Weise geschult, andererseits aber im Sinne des überlieferten Judentums erzogen werden. Gerade damals waren die religiösen Gegensätze im Judentum in Deutschland sehr groß. Namen wie Abraham Geiger auf der einen Seite und Tiktin auf der anderen Seite umreißen die beiden extremen Richtungen. Das Seminar, das auf Grund des Fränckelschen Testamentes begründet worden war, hat sich bemüht, den mittleren Weg zu gehen. Die jüdische Geschichte wird einstmals darüber zu entscheiden haben, ob dieser Weg der richtige gewesen ist. Erster Direktor dieser Anstalt war Zacharias Frankel. Im Mittelpunkt seines Lebens stand ernste jüdisch-wissenschaftliche Arbeit. Als er das 50. Lebensjahr überschritten hatte, schrieb er einmal: »Es mahnt die Kürze des menschlichen Lebens, daß unaufhaltsam nach einem großen Ziele gestrebt werde und der Geist sich nicht durch manches Einladende, das auf dem Wege dahin zu manchen Abwegen verlockt, von diesem Ziele abbringen lasse.« So wie Frankel in diesem Seminar gewirkt hat, so kamen neben und nach ihm viele andere jüdische Persönlichkeiten. Die markanteste von ihnen: Heinrich Graetz, ist an dieser Stelle besonders gewürdigt worden.

Was diese Anstalt innerhalb des jüdischen Lebens in Breslau auszeichnete und was ihr ihre besondere Stelle zuwies, war ihre Geräuschlosigkeit. Ein graues Haus auf der Wallstraße beherbergte sie, das in der Zeit der Gründung gewiß sehr stattlich gewesen ist, das aber in den Jahrzehnten nachher immer sehr bescheiden wirkte. Die Männer, die hier arbeiteten, wollten nicht so sehr im Rampenlicht stehen, wollten nicht an den jüdischen Auseinandersetzungen des Alltags teilnehmen, als vielmehr in Wort und Schrift dafür sorgen, daß die ewigen Werte religiösen Judentums von Generation zu Generation lebendig sich fortpflanzten.

Das Haus haben wir inzwischen für bedürftige Juden, die in hohem Alter stehen, zu einem Heim eingerichtet. Wo früher in den Korridoren die Dispute der Hörsäle fortgesetzt wurden, gehen nun Pflegeschwestern behutsam ihrer Pflicht nach. Auch das liegt im Sinne des Testaments von Jonas Fränckel, dessen von Liebe erfülltes Herz nur ein Dienen an den Bedürftigen war. Daß alles aber so geschaffen worden ist, wie er es wollte, war auch nicht zuletzt das Verdienst der Testamentsvollstrecker, die im Wechsel der Generationen sich um die Verwirklichung bemühten. Jonas Fränckel hat neben seinem Bruder David auf dem Friedhof Claaßenstraße seine letzte Ruhestätte gefunden. Man setzte ihnen aus dem 112. Psalm die folgende Grabschrift: »Sie gaben reichlich den Dürftigen, ihr Wohltun ist von fester Dauer, ihr Ruhm strahlt ehrenvoll.«

Dr. Willy Israel Cohn

Familie Dr. Willy Cohn

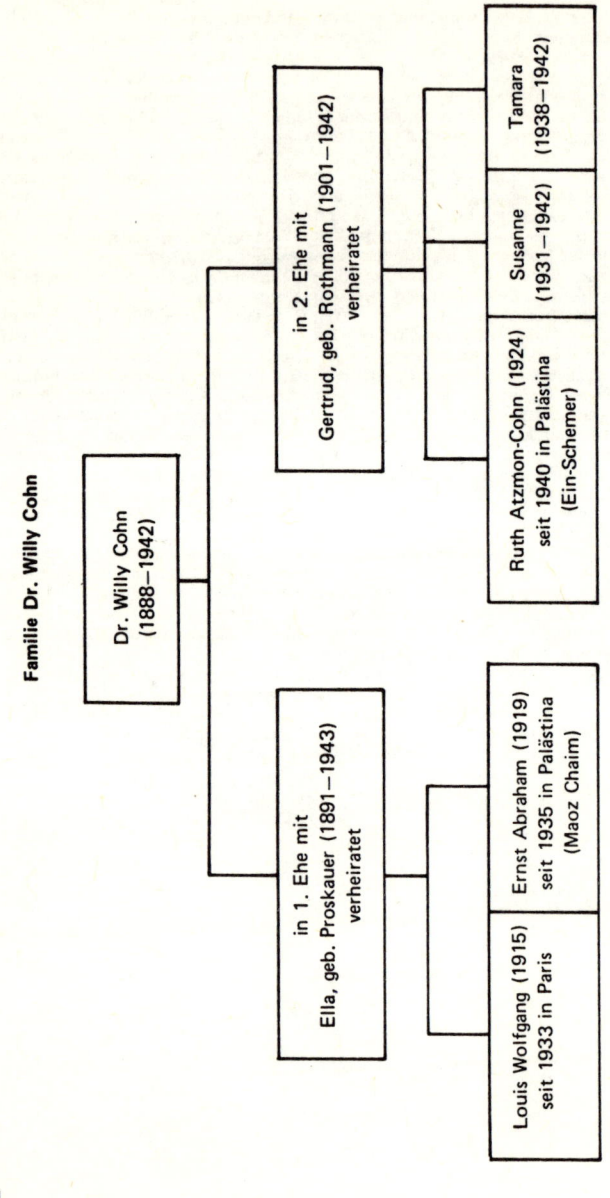

- Dr. Willy Cohn (1888–1942)
  - in 1. Ehe mit Ella, geb. Proskauer (1891–1943) verheiratet
    - Louis Wolfgang (1915) seit 1933 in Paris
    - Ernst Abraham (1919) seit 1935 in Palästina (Maoz Chaim)
  - in 2. Ehe mit Gertrud, geb. Rothmann (1901–1942) verheiratet
    - Ruth Atzmon-Cohn (1924) seit 1940 in Palästina (Ein-Schemer)
    - Susanne (1931–1942)
    - Tamara (1938–1942)

Namensregister

Abdallah ibn Hussein: 58
Alexander, Frau: 106
Amodeo, Herzog von Aosta: 61
Antonescu, Jon: 31
Arlt, Dr. Fritz – Sippenforscher (Nichtjude): 42
Aschheim, Dr. und Frau: 43, 65
Baeck, Dr. Leo: 19, 57, 70, 75, 77, 108, 120
Behrendt, Dr. – Sippenforscher: 102
Bendix, Elly – Bekannte: 60, 110, 115
Bermann, Hedwig – Verwandte: 49, 51, 53, 81, 115
Blum, Frl. – Beamtin der jüd. Gemeinde Breslau: 69
Bluschke – Kriegskamerad (Nichtjude): 69
Bock, Fedor von – Generalfeldmarschall: 91
Böhm, – Rechtsanwalt: 32
Brasch, Martin – ehemaliger Schüler: 73
Brauer: 78
Breslauer, Dr. Erich – Arzt: 37
Bretschneider, Paul – Pfarrer: 72
Brienitzer, Ella – Frau aus 1. Ehe: 102
Brienitzer, Hanne – Tochter von Ella aus 2. Ehe: 88
Brotzen, Frau – Heimleiterin: 100
Brück, Alfred: 85
Cohn, Frl.: 32, 35, 79, 89, 118, 122
Cohn, Annie – Nichte: 28
Cohn, Ernst – Sohn: 28, 49, 55, 58, 67, 69, 83, 88, 110, 112
Cohn, Fanny – Beamtin des Hilfsvereins: 78, 79
Cohn, Franz – Bruder: 43
Cohn, Heti – Bekannte: 82
Cohn, Moritz – Onkel: 51
Cohn, Ruth – Tochter: 18, 20, 48, 55, 58, 69, 89, 110, 112, 119
Cohn, Susanne – Tochter: 21, 22, 34, 36, 38, 40, 41, 49, 50, 52, 63, 65, 66, 74, 76, 78, 86, 87, 88, 90, 92, 93, 98, 100, 103, 104, 105, 106, 108, 113
Cohn, Tamara – Tochter: 17, 19, 22, 24, 30, 43, 47, 48, 78, 85, 90, 99, 100, 102, 106, 107, 109, 118, 119, 122
Cohn, Trudi – Ehefrau: 43, 49, 50, 57, 59, 62, 66, 72, 74, 77, 78, 80, 81, 85, 88, 92, 94, 98, 99, 100, 103, 108, 110, 116
Cohn, Witwe von Theodor: 91
Cohn, Wölfl (Wolfgang) – Sohn: 22, 28, 30, 34, 37, 39, 49, 51, 58, 64, 66, 69, 73, 79, 95, 103, 109, 114, 120
Darré, Walter Richard: 86
Davidsohn, Wolff – Religionslehrer: 118
Deckro – Schneider: 43
Dubiel – Stadtarchitekt (Nichtjude): 80
Durra, Frau: 47
Duscha – Barbier (Nichtjude): 24, 59, 60
Ehrlich – Baumeister: 86, 89
Eisner, Dr. – Arzt: 115

Emir von Transjordanien
(s. Abdallah ibn Hussein)
Engelbert, Dr. – Direktor des
Domarchivs: 21, 22, 23, 29,
30, 31, 33, 35, 36, 38, 39, 40,
42, 43, 51, 57, 59, 84, 96
Ermold, Ulrich – ehemaliger Schüler
(Nichtjude): 90
Erna (s. Proskauer, Erna)
Fränckel, Jonas –
Kommerzienrat: 118
Frankfurter, Felix: 42
Freund, Benjamin –
ehemaliger Schüler: 70
Freund, Dr. – Studienrat
(Nichtarier): 66, 108, 118
Förder, David – Vorsitzender der
jüd. Gemeinde Breslau: 37,
43, 44, 53, 79, 89, 101, 106
Förder, Victor – Sohn von David: 53
Fulde, Frau – Nachbarin
(Nichtjüdin): 21, 23
Gahlen, Clemens August, Graf von:
93, 98
Gallinger – Leiter der
Konsumvereinsfiliale
(Nichtjude): 27
Gallink, Mutter und Tochter: 100
Gantzer – Oberstudiendirektor
a. D. (Nichtjude): 102
Gaulle, Charles de: 19
Göbel – Archivar (Nichtjude): 21
Goebbels, Joseph: 45, 122, 127
Göring, Hermann: 87
Görlitz, Prof. – Historiker
(Nichtjude): 31, 32, 33, 42,
52, 57, 67, 76, 78, 89, 93, 112
Goldberg, Ruth: 90
Goldmann, Dr. – Rechtsanwalt,
Hilfsverein: 126
Gräfe – Historiker
(Nichtjude): 73, 93, 95, 96,
120
Graetz, Heinrich: 115
Groba – Polizeirat: 37

Gross, Ruth: 75
Großmufti (s. Husseini Mohammed
Amin el)
Grotte, Prof. – Historiker: 38, 44,
101, 105
Hacfele, Pater – Herausgeber der
Zeitschrift »Divus Thomas«
(Schweiz): 29
Hadda, Dr. Willy – Leiter des jüd.
Altersheims: 122
Hainauer, Abraham – Urgroßvater:
52
Hainauer, Julius – Großvater: 86
Halm, Dr. Richard – ehemaliger
Schüler (Nichtjude): 117
Halpersohn, Dr. Rabb.: 82
Halpert – Regierungsrat a. D.: 105
Hamburger, Dr. Bernhard,
Rabb.: 65, 103, 126
Hanke – Bekannter
(Nichtjude): 22, 25, 27
Hannchen, Tante: 34
Hanne (s. Brienitzer, Hanne)
Heinrich – Polizeiinspektor: 36, 47,
67
Helfgott, Lotte – Schülerin: 23
Herzberg – Schnapsfabrikant: 103
Herzl, Theodor: 104
Herzog, Harav Isaac: 55
Heß, Rudolf: 59, 60, 64, 126
Himmler, Heinrich: 35, 87
Hitler, Adolf: 63, 64, 66, 126
Hoffmann, Dr.: 56
Hoffmann, Prof. –
Kirchenhistoriker: 61, 72, 77,
80, 103, 105, 109, 111, 113,
119
Hoffmann, Dr. Ernst, Rabb.: 89
Hoffmann, Rose – Freundin der
Ehefrau: 55
Honigmann, Ernst: 32
Huberta, Mater – Nonne: 21, 33, 43,
51, 53, 54, 56, 57, 69, 81, 96,
98, 121

Husseini, Mohammed Amin el – Großmufti von Jerusalem: 58, 118
Innocentia, Mater – Nonne: 23, 43, 54, 56, 58, 75, 96, 98, 112
Jakob, Dr. – Rechtsanwalt: 84, 86, 88, 103, 104, 106
Jacobsohn, Dr. – Gesamtarchiv der deutschen Juden: 96
Jaffe, Hanna: 48
Jaffe, Louis: 62, 93
Jilek, Frau – Pförtnerin der Dombibliothek: 20, 75, 98, 107, 113
Jokl – Ingenieur: 105
Kaim, Emil – 1. Vorsitzender der jüd. Gemeinde Breslau: 50, 76, 80, 84, 103, 116, 126
Keitel, Wilhelm: 87
Klawitter, Prof. Dr. (Nichtjude): 86
Klifoth – Studienrat (Nichtjude): 23
Knauer – Spediteurfirma: 103
Kober, Eva – Verwandte: 112
Kohn – Landgerichtsrat a. D., Vorsitzender der jüd. Gemeinde Breslau: 66, 80, 121, 122, 126
Kohn, Frau – Bekannte: 74, 83, 102
Kohn, Erich – Vorsitzender der jüdischen Gemeinde Schweidnitz: 99
Laboschin – Witwe des Kunstmalers Siegfried: 81
Lachmann, Dr. – Sanitätsrat a. D.: 71
Laland, Frieda: 105, 106
Langner – Friedhofsbeamter (Nichtjude): 69
Lasch, Dr. – Dezernent der jüd. Gemeinde Breslau: 92, 102, 108, 110, 111, 117, 121, 122
Lasker, Anita – Freundin von Ruth: 70, 89
Lassalle, Ferdinand: 93
Latte, Dr.: 105
Lebek, Frau: 36
Leipziger, Frau – Bekannte: 69
Leitz, Paul und Ella (geb. Proskauer): 113
Lemberg – Friedhofsbeamter: 62
Less, Dr. Georg – Vorsitzender der jüd. Gemeinde Breslau: 50, 126
Lessmann – Bankbeamter (Nichtjude): 36
Levi, Salli – Rabbiner in Mainz: 58
Levy: 69, 70
Levy, Lina – Palästinaamt Breslau: 41, 53
Lewin, Dr. Reinhold, Rabb.: 65, 66, 76, 97, 117, 126
Lewy, Onkel: 57
Libertini, Dr. – italienischer Historiker: 87, 112
Lichtenberg, Isidor: 47, 103, 105, 120
Liebe, Frl.: 23, 108
Littwitz, Lotte: 82
Löchel – Kriegskamerad (Nichtjude): 95
Lukas – Kolonialwarenhändler (Nichtjude): 118
Ludwig, Emil: 33
Lyon, Paul: 106
Mackunse – Hauswirt (Nichtjude): 98, 115
Mamlock, Hugo – Verwandter: 48, 100, 102, 105, 107
Mamlok – ehemaliger Schüler: 46
Mannsberg, Frau Dr. – Beamtin der jüd. Gemeinde Breslau: 127
Marck, Moritz – Bankier: 62
Marcus, Jutta – Freundin von Susanne: 104
Miodowski, Dr. – Bekannter: 73
Möpert, Pfarrer – Archivpfleger: 21, 31
Müller – Barbier (Nichtjude): 60, 61, 78, 80

Münzner – Kolonialwarenhändler: 60
Nascelli, Frau – italienische Historikerin: 87
Neisser – Beamter der jüd. Gemeinde Breslau: 103
Nellhaus: 20
Neustadt:, 20, 69
Niemöller, Martin: 63
Nothmann – Barbier: 106
Nowitzki (Nichtjude): 110
Ölsner, Dr. Alice – Lehrerin: 50, 105, 116
Oppenheim, Frau: 85
Ottenheimer, Hilde – Beamtin der Reichsvereinigung: 120
Papst (s. Pius XII.)
Pakulla, Vorbeter: 85, 101, 121
Passia, Frl. (Nichtjüdin): 22, 85
Peiser, Dr. Georg, Justizrat: 65
Peiser, Ilse – Freundin von Ruth: 23
Perle, Eugen, Vorsitzender der jüd. Gemeinde Breslau: 20, 27, 38, 46, 50, 51, 54, 60, 65, 66, 67, 69, 76, 77, 82, 84, 87, 88, 89, 92, 97, 99, 104, 108, 110, 111, 112, 114, 119, 121, 122
Pétain, Henry Philippe: 67
Peter II., Zar: 45
Pinkus, Suse – Freundin von Ruth: 89, 90
Pius XII: 26
Polke, Dr. Ernst, Rechtsanwalt: 79
Pollak, Reichsbund Jüdischer Frontsoldaten: 126
Prien, Günther, U-Boot-Kommandant: 63
Proskauer, Ella – Ehefrau in 1. Ehe (s. Brienitzer, Ella)
Proskauer, Erna – Schwester, mit dem Bruder von Ella Proskauer verheiratet: 79
Proskauer, Grete: 96, 97, 98, 101
Proskauer, Selma – Großmutter: 58, 68, 88, 90
Radecker (Nichtjude): 118
Ragolski – Angestellter der jüd. Gemeinde Breslau: 117
Rahel – Krankenschwester, Nonne: 28, 119
Redlich, Dr. Walter: 106
Reimitz, Dr. – Bekannter (Nichtjude): 85, 114
Reiter, Käthe: 48, 51
Riedel, Dr. – Archivar der Dombibliothek: 38
Rössler, Edith – Schülerin: 20, 21, 47, 49, 60, 73, 100, 106, 108, 109
Roosevelt, F. D.: 42, 85, 96
Rosenberg, Alfred: 32
Rothschild, Dr.: 22, 29, 56
Ruf – Bekannte: 22
Sachs, Elise – Tante: 102
Sander: 61
Saul: 90
Schaefer, Prof. – Lehrer (Nichtjude): 23
Schampanier – Synagogendiener: 85
Schatzky, Ehepaar – Bekannte: 33
Schiftan – Nachbarn: 36
Schirach, Baldur von: 29
Schirdewahn, Kantor (Nichtjude): 57
Schmidt, Frau: 81
Schönfeld, Moses – Lehrer: 120
Schottländer – Rittergutsbesitzer: 41
Schreiber, Frau: 47, 82
Silberstein, Dr. – Vorsitzender der jüd. Gemeinde Breslau: 122
Silberstein, Trudi – Bekannte: 20, 46, 75, 76, 79, 89, 108
Simonsohn, Dr. Max, Rabb.: 72, 80
Spielhagen – Bürgermeister von Breslau: 78
Spiess – Stadtsekretär: 85
Spitz – Beamter des Hilfsvereins: 126

Stein – Baurat (Nichtjude): 31, 42, 50, 51, 76, 78, 93
Suppelt – Milchhändler (Nichtjude): 28
Tallert – Syndikus der jüd. Gemeinde Breslau: 76, 84
Taterka: 69
Tischler – Angestellter des jüd. Kulturbunds: 48
Tykocinski, Arje Leib – Beamter der jüd. Gemeinde Breslau: 111, 112, 114, 115, 118, 119, 120
Utical – Inspektor, Finanzamt: 28
Vogelstein, Dr. Hermann, Rabb.: 61
Wallfisch, Julius – Rechtsanwalt: 89
Walter, Grete – ehemalige Hausangestellte (Nichtjüdin): 87
Walther – Archivar (Nichtjude): 96
Wenglowitz: 52
Wiener, Georg: 83
Wiglenda – ehemaliger Schüler (Nichtjude): 95
Wilhelm II., Kaiser: 67, 117
Witt, Ruth, Lehrerin: 40, 47, 73, 74, 77, 80, 82, 85, 87, 93, 95, 101, 116
Wolff, Frau: 57
Zadik, Benno – Mitschüler von Ernst: 83
Zucker – Rechtsanwalt: 84

Ortsregister

Abessinien: 24, 25, 56
Agram: 74
Alexandria: 67
Bagdad: 67
Bardia: 18
Basel: 22, 29, 56, 124
Beirut: 58
Belgien: 32, 60
Berlin: 24, 38, 40, 44, 52, 55, 57, 58, 73, 84, 92, 96, 97, 111, 118, 120, 123, 124.
Beuthen: 123
Bialystok: 83
Bojanowo: 52
Bolivien: 38
Branitz: 46
Bremen: 23, 58, 88
Brieg: 32, 109, 116
Brooklyn: 89
Buchenwald: 37, 58, 79
Bukowina: 33
Bulgarien: 30, 35
Catania: 87
Chelm: 46
Cosel: 114, 117, 119, 123
Czernowitz: 74, 83
Dachau: 31
Dardanellen: 35
Derna: 25, 27
Dresden: 78, 124
Dyhernfurth: 117
England: 39, 53, 55, 56, 58, 59, 60, 85, 91, 110
Erez-Israel (s. Palästina)
Ermland: 24
Forst (Oberlausitz): 73
Frankfurt a/M: 96, 124

Frankreich: 49, 113
Glasgow: 59
Gleiwitz: 123
Görlitz: 31, 68, 74, 76, 78, 114
Griechenland: 30, 50, 51
Grottkau: 123
Grüssau: 101, 105, 106, 107, 108, 109
Haifa: 33, 55, 68, 69, 79, 89
Hamburg: 22, 23, 58
Hannover: 32
Herzogshufen: 41
Hildesheim: 39
Hindenburg: 29
Hundsfeld: 69
Irak: 53, 55, 56
Iran: 85, 91
Italien: 46
Japan: 72, 80, 110
Jugoslawien: 45, 46, 47, 51
Jüterbog: 29
Kant: 31
Kassel: 96
Kattowitz: 39, 87, 88
Kielce: 29
Kiew: 106
Kischinew: 77
Köln: 68
Königsberg: 76
Konstantinopel: 20
Krakau: 39
Kreta: 63, 65, 66, 68
Krietern: 54
Kroatien: 45, 61
Kuba: 115, 116
Landeck: 71
Landshut: 107
La Paz: 83

Lemberg: 80
Leubus: 66, 93
Liegnitz: 115
Linz: 87
Lissabon: 34
Litzmannstadt (Lodz): 40, 113, 116
London: 52, 85
Lublin: 46
Lublinitz: 94
Lybien: 25
Mainz: 58
Magdeburg: 42, 52, 91, 104, 105
Melbourne: 113
Mischmar Haemek: 48
Militsch: 46
Moskau: 20, 110
Mossul: 55
Münster: 79, 84
Münsterberg: 73, 123
Neu-Altmannsdorf: 72
Neustadt: 73
New York: 56
Niederlande: 36, 87
Norwegen: 102
Nürnberg: 26
Nymwegen: 112
Oberschreiberhau: 68
Odessa: 20
Oels: 57, 123
Ohlau: 29
Oltascin (s. Herzogshufen)
Oppeln: 83
Opperau: 47
Osnabrück: 68
Oswitz: 90
Palästina: 22, 33, 40, 49, 53, 54, 55, 56, 58, 63, 65, 75, 77
Polen: 45, 53, 124
Posen: 58, 77, 102, 117
Prag: 23, 24, 34, 35, 37, 38, 39, 101, 106, 108
Ramot Haschawim: 51
Riebnig: 109, 116
Rothenburg: 71, 76, 80
Rußland: 20, 30, 32, 34, 52, 54, 59, 72, 73, 75, 77, 85, 90, 91, 97, 106, 112, 127
Rumänien: 31
Sacrau: 38, 82, 89
Sagan: 45, 46
Saloniki: 48, 49
San Francisco: 51
Shanghai: 52, 127
Schniebinchen: 50, 53
Schweden: 48
Schweidnitz: 79, 80, 99
Slowakei: 116
Smolensk: 73
St. Gallen: 49
Straßburg: 27
Suez: 89
Sylt: 22
Syrien: 67, 68, 70, 75, 77
Taormina: 112
Tarnowitz: 26, 46
Tiberias: 68, 71
Tientsin: 69
Tobruk: 24, 50, 67
Tormersdorf: 80, 82, 84, 88, 89, 92, 93, 96
Tost: 85
Trachenberg: 61, 62
Transjordanien: 58
Trautenau: 28
Trebnitz: 80, 86, 109, 114
Türkei: 35, 72
Ukraine: 30, 84, 85, 90
USA: 24, 26, 30, 32, 35, 54, 58, 71, 72, 80, 106, 110, 120, 122
Waldenburg: 114
Warschau: 25
Warthegau: 36
Weruschau: 29, 74, 83, 102
Wessig: 41
Wielun: 102
Wien: 29, 108
Wildschütz: 69
Winkel: 23
Zittau: 40

Worterklärungen

Bamidbar	wörtl. »in der Wüste«. Bezeichnung des 4. Buches Moses
Beth Hanoar	Jugendheim
b. v. S.	beschränkt verfügbares Sparkonto
Chaje Sara	wörtl. »Das Leben Sarahs«, Bezeichnung des Wochenabschnitts 1. Buch Moses Kap. 23 – 25, 18
Chasak veemaz	stark und fest, Segensformel
Chumisch (eigentl. Chumasch)	die fünf Bücher Moses
Dewarim	wörtl. »Worte«, Bezeichnung des 5. Buch Moses
Echas	Klagelied, Jeremias zugeschrieben, das am Tag der Tempelzerstörung im G'ttesdienst vorgetragen wird
Erew Rosch Haschana	Vortag des Neujahrsfestes
Erez Israel	das Land Israel (Palästina)
Gemara	wörtl. »das Gelernte«, engere Bezeichnung des Talmud, der mündlichen Überlieferung
G. J.	Germania Judaica; wissenschaftliches Standardwerk zur Geschichte der jüdischen Gemeinden in Deutschland
Hachschara	wörtl. »Vorbereitung«, landwirtschaftliche oder handwerkliche Ausbildung für die Einwanderung nach Palästina
Hagadjo (eigtl. Chad Gadjoa)	wörtl. »ein Zicklein«, Volkslied zum Abschluß der häuslichen Pessachfeier
Hallel	wörtl. »Lob, Hymne, Psalmenreihe« (Kap. 113 – 118), die im Festtagsg'ttesdienst eingeschaltet wird
Jeziat Mizraim	Auszug aus Ägypten
Jiskor	wörtl. »Er (G'tt) gedenke« (der Seelen), Seelenfeier
Jom Kippur	Versöhnungstag
Kibbuzim	wörtl. »Gruppen«; Kollektivsiedlungen

Kiddusch	wörtl. »Heiligung«; Einweihung des Sabbat und der Festtage durch ein über einen Becher Wein gesprochenes Gebet
Kinnoth	Klagelieder, die am Tag der Tempelzerstörung im G'ttesdienst gesagt werden
Lechodaudi	wörtl. »Geh aus mein Freund« (der Braut – dem Sabbat – entgegen), Lied zur Begrüßung des Sabbat
Machsor	wörtl. »Kreislauf« (des Jahres), engere Bezeichnung des Festtagegebetbuches
Mazza	ungesäuertes Brot, das für die Pessachtage vorgeschrieben ist
Megillah	wörtl. »Rolle«; speziell die sogenannte Esther-Rolle, die von der Errettung der Juden Persiens durch die Königin Esther vor dem Anschlag Hamans berichtet
Mi Adir	wörtl. »wer ist gewaltig« (G'tt); Eingangslied bei Trauungen
Olemugebet	Schlußgebet
Raschi	Abkürzung von Salomo ben Jsaak (1040 – 1105), dem bedeutendsten Bibelkommentator
Rosch Haschana	wörtl. »Anfang des Jahres«, Neujahrsfest
Sabbat Bereschit	der Sabbat »am Anfang«, Neubeginn des Zyklus des Wochenabschnittes mit dem 1. Buch Moses, [Name des Sabbat vor Purim (Losfest, s. Megillah), an dem dieser Abschnitt gelesen wird]
Sabbat Sachor	»Gedenke« (was Dir Amalek angetan hat), 5. Buch Moses, Kap. 25, 17 – 19
Schabbos Nachamu	der Sabbat nach dem Tag der Tempelzerstörung, an dem der Prophetenabschnitt »Tröstet, tröstet« (mein Volk), Jesaja, Kap. 40, verlesen wird
Schemini Azereth	Name des 8. und Schlußtag des Laubhüttenfestes
Schemone Esre	»Achtzehn«gebet; Hauptgebet des werktäglichen G'ttesdienst
Simchat Thorah	Fest der Gesetzesfreude, im Anschluß an Schemini Azereth
Sukkah	Laubhütte
Sukkoth	Laubhüttenfest
Tallith	Gebetmantel
Tischobeav	der 9. Aw (Juli – August/Trauertag zum Andenken an die Zerstörung des Tempels)

U. B.	Universitätsbibliothek
unsane taukef	wörtl. »So wollen wir von der Heiligkeit des Tages Zeugnis ablegen«, eines des Hauptgebete des Neujahrsfestes und des Versöhnungstages
Zof	wörtl. Schluß (vgl. »Ein Ende machen«)
Z. O. G.	Zionistische Organisation

---

* Der Verfasser verwendet die hebräischen Bezeichnungen größtenteils in der in Deutschland üblichen Aussprache.